南方ブックレット10

北朝鮮墓参記

リンゴの花咲くふるさと、昔と今

◎岩元昭雄 著

◎鹿児島子ども研究センター 編

南方新社

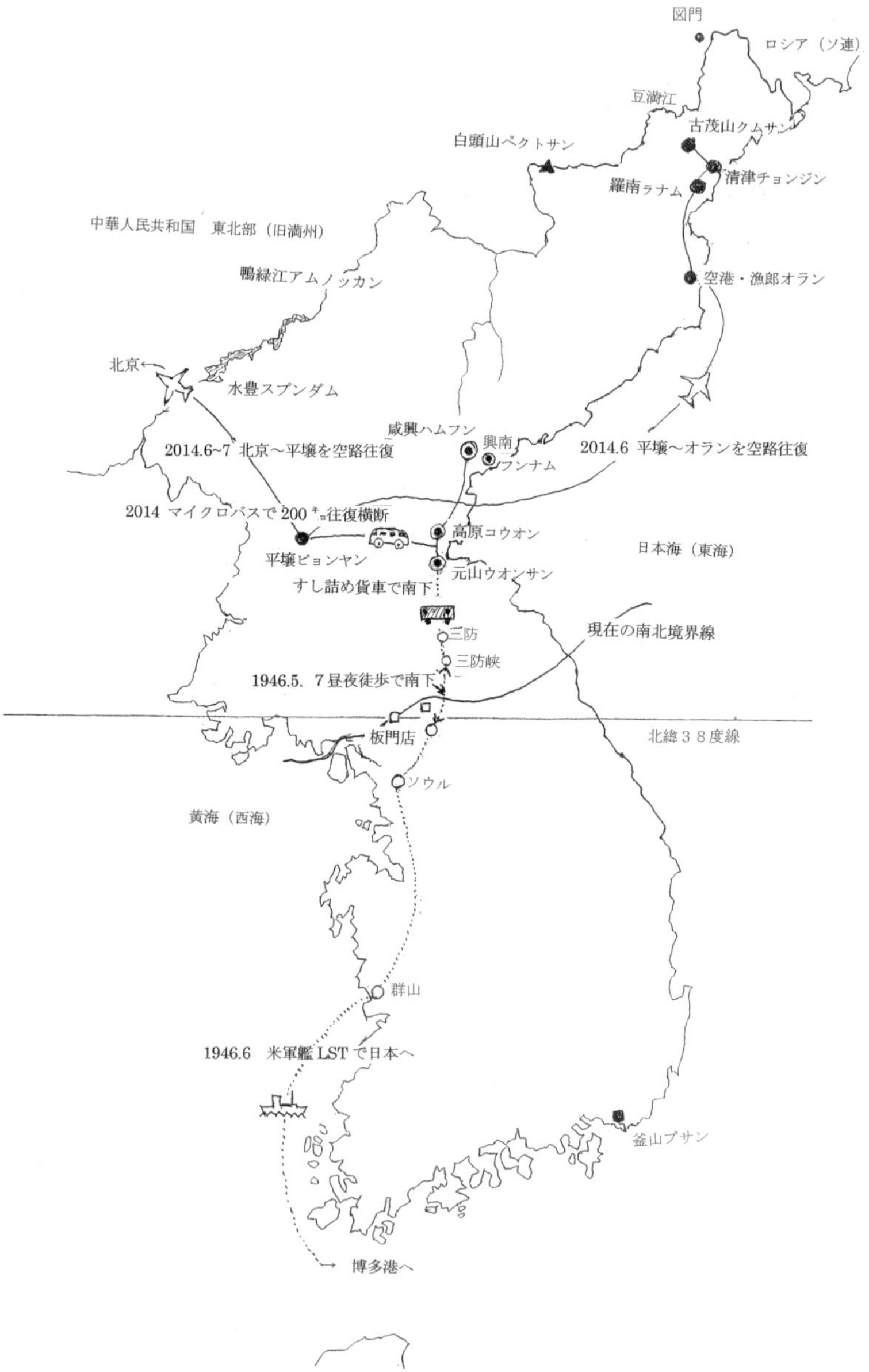

■朝鮮半島での 1946 年帰国経路と 2014 年墓参の経路
……線が引揚げ帰国経路（１９４６．５．１４～６．１２）
――線が訪朝墓参経路（２０１４．６．２５～７．６）

刊行に寄せて

鹿児島子ども研究センター運営委員長　大平政徳

鹿児島子ども研究センターは、一九七九年に発足し、二〇一九年で四十周年を迎えます。これを記念して、ブックレットを二冊発行する計画を立てました。一冊目は『新・子どもの願いを真ん中に―鹿児島からの発信―』として、二〇一九年十二月に発行しました。二冊目が、鹿児島子ども研究センターの所員・運営委員長・所長・理事長として活動されてきた岩元昭雄さんの手になる『北朝鮮墓参記―りんごの花咲くふるさと、昔と今―』となります。

このブックレットは、鹿児島子ども研究センターの会報に、二〇一四年度第四号から二〇一五年度第二号まで七回連載した原稿が元になっています。それに、帰国後の生活状況・教育状況、および最近の日韓問題の底流に流れている日本国民の歴史意識などを付け加えて構成されています。植民地時代の少年の目に刻まれた「歴史の事実」、戦後を生きていくための苦難の生活など、現代史であまり触れられない一断面を、「生き証人」として語ったものとして貴重な記録になっています。

昨年来「日韓問題」がしばしば話題に挙がります。「もうウンザリだ！」「日本は何度謝罪すればいいのか？」と思っている人たちが日本国民の中には多いと思います。しかし、日本は本当に朝鮮に「謝罪」をしたのでしょうか。二〇一五年の日韓合意では、「従軍慰安婦」の問題は「最終的かつ不可逆的に解決」

したといいますが、たとえば安倍首相が直接韓国に出向き、日本の代表として慰安婦の人々の前で謝ったでしょうか？　ここが、同じ敗戦国のドイツと大きく違う点になります。一九七〇年、西ドイツのブラント首相は直接ポーランドを訪問し、ナチスの犯罪についてひざまずいて謝罪しています。また、敗戦後四十年たった一九八五年に、同じく西ドイツのワイツゼッカー大統領はナチス・ヒットラーの行った数々の事例を挙げ、「過去に目を閉ざす者は結局のところ現在にも盲目となります」と演説しています。

日本が朝鮮を植民地として支配したことは歴史的事実です。しかし、日本政府は一貫して、一九一〇年の「韓国併合条約」は合法であったと捉えています。韓国は「韓国併合条約」を不法であると捉えています。一九六五年の「日韓基本条約」締結の時も、この根本的なずれは解消していません。この認識の違いを解決しない限り、日韓問題は解決することはありません。その意味では歴史教育が極めて大事になっています。一九九三年の河野談話には次のような文章があります。「われわれは、歴史研究、歴史教育を通じて、このような問題を永く記憶にとどめ、同じ過ちを決して繰り返さないという固い決意を改めて表明する」。この精神を具体化することで、国民の歴史意識を大きく転換することが求められています。その努力を続けることを通して、大臣や首長などが「失言」することもなくなって、はじめて「謝罪」したことになるのです。

このブックレットは、著者が少年時代の植民地朝鮮での体験を基に、韓国・北朝鮮の人々にとって日本がどのような隣国として意識されているのかを問いかけていて、「真の謝罪」とは何かを考えるための一助になると思います。多くの人々に読まれることを期待します。

北朝鮮墓参記　―リンゴの花咲くふるさと、昔と今―　目次

第三章　宿願の訪朝墓参　61

第四章　墓参を終えて思うこと　117

北朝鮮墓参記——リンゴの花咲くふるさと、昔と今——

第一章　北朝鮮での幼少期と敗戦体験

一、はじめに―なぜ北朝鮮へお墓参りなのか―

二〇一四（平成二十六）年、六月末から七月上旬にかけて十二日間、私は妹と一緒に北朝鮮、正式には朝鮮民主主義人民共和国に墓参の旅をしました。北朝鮮に旅をする、それも墓参の旅ということで、出発前からマスコミの取材もあり、「なぜ北朝鮮に墓参りなの」「大丈夫か」「無理せずに止めたらどう」と疑問や忠告が多くありました。でもやっぱり行ったのです。旅の期間中、日本ではテレビでも報道され（旅した本人は知らなかった）たので、帰ってからも「なぜ行ったのか」「どんなだった？」と問い合わせが続きました。それで私たちが墓参に出かけたわけを少し説明しようと思います。

広辞苑では「ふるさと（古里・故郷）」を「①古くなって荒れ果てた土地。②自分が生まれた土地」とあります。北朝鮮は私が生まれた土地、ふるさとなのです。

朝鮮半島は、一九一〇（明治四十三）年の韓国併合から一九四五（昭和二十）年までの三十五年間、今の韓国も北朝鮮も含めて朝鮮半島全体が日本の植民地になっていて、多くの日本人が朝鮮の各地で暮らしていたのです。この本では現在の韓国のことを述べる場合は「韓国」、北朝鮮のことを述べる場合は「北朝鮮」、朝鮮全体の場合は「朝鮮（時には朝鮮半島）」とできるだけ区別して呼ぶようにしようと思います。

一九四五年八月十五日、日本が太平洋戦争に負けたその日に、それまでの支配者という立場や、日本人の生活を支えていた政治、行政、社会の仕組みは全て崩れてしまいました。それに北朝鮮には、当時のソ連軍が進駐してきて略奪などの乱暴なしうちがあり、日本人は皆、自力で生活や命を守らなければならなくなりました。

私たちの世代では、さきの戦争を普通に「太平洋戦争」と呼びますが、この戦争をどう見るかで人によって呼び方が変わります。日本にとって「自存自衛」の正当な戦争だったと考える人々は「大東亜戦争」と呼び、中国大陸へ侵略し日米開戦につながっていった戦争だったと考える人々は「アジア・太平洋戦争」「十五年戦争」と呼んでいます。この本では「太平洋戦争」とします。

私の家は九人家族でしたが、敗戦の翌年、一九四六年六月に日本に帰り着いたときには五人になっていました。一年足らずの間に四人が亡くなったのです。特に父親と母方の祖母はお葬式も火葬もできずに、住んでいた咸興（ハムフン）という街の郊外の山に捨てるように埋めてきましたので、どうしても一度お墓参り、というよりその地を訪れたいという思いがありました。特にそれは母の「死んでも行きたい」という強い願いでもあったのです。その母は願いを果たさずに、二〇〇七年八月に亡くなりました。ですから訪朝墓参は私たち兄妹の願いでもあり、母から託された生涯の宿題となっていたのです。

二、北朝鮮での暮らしと家族

私たちの父、岩元寅二は霧島市溝辺町の麓、水尻集落の出身、母ハルエは隼人町の日当山、湯田集落の出身で、旧姓は古河です。ハルエの母親、古河タケは寅二の父親、岩元甚八の妹で兄と妹の間柄ですから、私たちの両親は従兄妹同士なのです。二人が結婚したのは一九二六（昭和元）年で、日本が朝鮮を植民地にした韓国併合から十六年しか経っていない時期でした。父寅二は二十三歳、母ハルエは十九歳でした。

母が朝鮮に行くと聞いた知り合いの婦人が「息子が熊本の軍隊にいるので会いに行った。そりゃ遠かところじゃった。朝鮮ちゅうところに行くそうじゃっが熊本よっか遠かところじゃろうか」と言ったそうです。それほど日本人にとってなじみの薄い土地だったのです。

父は溝辺尋常高等小学校の高等科を卒業すると間もなく朝鮮に渡り、当時の国策会社、朝鮮鉄道（「鮮鉄」と略称されていた）に就職し、機関士をめざしました。初めは朝鮮半島南部の慶尚北道、大邱（テグ）機関区に勤務しましたが、結婚当時は北部の咸鏡南道咸興（ハムフン）府の機関区で蒸気機関車の機関士をしていました。生粋《きっすい》の鉄道マンです。

私の記憶にある朝鮮での生活のほとんどは、咸興府の鉄道官舎で過ごした暮らしです。咸興府は咸鏡南道の道庁、日本でいえば県庁のある街でした。鉄道官舎は咸興駅のそばにあり、東側には駅と機関区から延びる線路が何本も敷かれていて、簡単には入れないように鉄条網が張ってあり、それに沿ってアカシア

昭雄、浩、久臣

の木が立っていました。西側と北側は、細いドブのような川と道路を隔てて鉄工場や朝鮮人が住む集落が広がっていました。

官舎は中央の道路を挟んで両側に四軒続きと二軒続きの住宅が整然と並んでいました。戸数で数えると五、六十戸以上はあったと思います。住宅の他に大きな共同浴場、広間やビリヤード（当時は「玉突き」と言った）や食堂もあるクラブ、テニスコート、日用雑貨や食べ物を売る購買部、医師が常駐している医務室などもあり、この限られた地域で生活が成り立ちました。

私が生まれた頃の我が家は四軒長屋の一軒で、一棟四軒毎にレンギョウの生け垣で囲われていて、春は最初に黄色の花が咲きました。庭には小さな倉庫もあり、玄関の脇には子どもの目には太く見えた桜もあり、花より小さなサクランボをちぎって食べて叱られたのを覚えています。どの家庭にも子どもが何人かいて、家が手狭《てぜま》なので遊ぶのは外でした。登下校は官舎の子どもと一緒、学校から帰ると官舎の道路やテニスコート、時にはクラブなどで遊びました。ほとんどの子が兄弟連れ立っていましたから子守も兼ねた遊びでした。私は兄と一緒のときより、弟を連れて遊ぶことが多く、小さい子は「ミソッカス」と呼び、かくれんぼや鬼ごっこ、缶けりなどをしてもオニにはせずに遊ばせました。辻々には電柱があり電灯がつきましたから暗くなっても影踏みなどして遊ぶうちに、あちこちの家から「ご飯だよーっ」という声がかかりました。

真冬は零下二十度以下になることもありましたから、どの家にもオンドルといって粘土で固めた床の下を竈《かまど》で燃えた熱気と煙が抜けていく床暖房の部屋があり、時には床が熱く感じるほどでした。オンドルでない部屋にはストーブがあり、窓はすべて二重のガラス窓でしたから、家の中では寒さを感じることはほとんどありませんでした。ただストーブを使わない部屋では、朝仏壇の花瓶の水が凍って花瓶が割れることもありました。外から帰ってドアのノブを素手で握ると、瞬間凍り付いてしばらくじっと握って溶けるのを待たなければなりませんでした。冬、共同浴場から帰るときに濡れたタオルを一、二回振り回すと凍って棒のようになりました。洗ったばかりの髪がザクザクすることもありました。

そんな記憶はずいぶんありますが官舎から外に遊びに行ったり、朝鮮の人と接したりした記憶はほとんどありません。やはり表面上は平穏ですが日本人に対する反感があり、何かことが起こるのを避けて、親が子どもに言い含めていたのでしょう。

三、朝鮮語（ハングル）を知らずに育つ

朝鮮の人と接するのは、母と一緒に市場に買い物に行ったときとか、官舎の辻々や各家庭に朝鮮人が物売りに来たときぐらいで、そんなときも相手が特別ななまりでしたが片言の日本語で話すので、朝鮮語（ハングル）を使うことはありませんでした。学校の行き帰りも朝鮮の人と話すことはほとんどなかったので、十歳過ぎても朝鮮語を覚えることはありませんでした。

鉄道官舎を出て少し郊外に行くと田んぼがあり、冬は氷が張りスケートができました。そこでは朝鮮人も日本人も交じり合ってスケートを楽しみました。小学二、三年からスケートをする子もいましたが、子どもの多くは蜜柑箱ほどの木箱や板の底に太い針金を二本張った橇《そり》を作り、それをストックで漕いで滑りました。そこでは時にはハングルで会話する人がいましたが、私たちは日本語だけでした。

鉄道線路を挟んで官舎の東側には広い空き地があり、機関区と駅の構内から引き込み線が延びて転車台につながっていました。石炭と水を積む炭水車付きのテンダー型の機関車が載る大きな転車台でしたが、回すのは人力でした。転車台の両端に二本ずつ、四本の棒がついていて、それぞれに三人か四人が付いて押すのです。大方十人前後で回していたようです。そばに行って見たいのですが鉄条網をくぐって線路を横切るとひどく叱られるので、離れたところから機関車がゆっくり回るのを飽きず眺めていました。

押す人の中に日本人がいる場合は日本語の掛け声でしたが、時には朝鮮語の掛け声や朝鮮の歌を歌いながら押すこともありました。ハングルに接することの少ない私たちには珍しいことでした。

小学二年生になった頃、それまで住んでいた四軒長屋から同じ官舎内の二軒続きの家に引っ越しました。父の職場での地位が上がったのでしょう。それまでより部屋数が増え、庭もやや広くなりました。

その頃の記憶ですが、朝父が出勤するときに弁当を持たずに出かけ、昼近くなって若いというより幼い感じの朝鮮人の少年が、だぶだぶのナッパ服姿で父の弁当を取りに来ました。昼過ぎてしばらくすると空になった弁当をその少年がまた持って来るのです。私が家にいる日はよくそれを目にしましました。弁当を取りに来る少年が私たちとそれほど歳も離れていない感じもあって、子ども心にも弁当ぐらい人の手を借りずに自分で持ち運びすればいいのにと考えたこともありました。

四、日本人と朝鮮人

私たちが通った咸興尋常高等小学校は日本人だけが通う学校で、赤レンガの二階建て、今思い出しても立派な建物だったと思います。男女別々の学級で、松、竹、梅、桜という学級があったので一学年四学級、全校児童八百人を超す学校だったのでしょう。広い講堂や何となくいかめしい感じの校長室、校門の横には白壁の奉安殿《ほうあんでん》があったのをはっきり覚えています。

奉安殿と言うのは、太平洋戦争終了まですべての学校にあった小さな建物で、多くは白壁に黒い瓦屋根、正面は両開きの扉、中に天皇と皇后の写真（当時は「御真影」と言った）と教育勅語が納められていて、儀式があるときは勅語がここから講堂に運ばれて、児童生徒の前で校長が勅語を読みました。多くは校門のそばに作られていて、校門を入るとこれに丁寧に礼をすることになっていました。

日本人の学校でしたが、学級には時に一人、二人朝鮮の家庭の子がいることもありました。記憶ではどの子も日本語を上手に話し勉強も出来ました。私たちも特に差別するとか避けるといった気持ちも態度もなく接していました。確か五年生の冬でした。何が原因だったのか同じ学級の子が五、六人、叱られて外の薄く積もった雪の中に立たされたことがありました。私たちは二階の窓から見ていました。寒さと足の冷たさで体をもじもじさせていましたが、その中の朝鮮人の柳君が立っていられなくなったのか尻を地面に下ろし足を上げる格好になりました。よほど冷たいのだろうと窓から見ている私たちも気が気でありませんでした。突然担任の教師が「だらしのない。朝鮮人はあれだから駄目なんだ」と吐き捨てるように言いました。日頃はそんなことを言ったり感じさせたりすることはないのに、そのことばの響きにギクッとした記憶があります。

同じ咸興の街には朝鮮人の子どもが通う小学校もあり、多分「錦町《にしきまち》小学校」と呼んでいたと思います。こちらは木造の二階建てで私たちの学校より大きい感じで、児童数が多かったのでしょう。なぜかそばを通ったりすることをなんとなく避けていました。登下校の途中もできるだけその学校の子と会わないように、会っても言葉を交わすことはなく、無意識に避けてすれ違うようにしていました。反感とか対立といった感情ではなく自然とそうなった感じでした。

私が小学校に通った時期は太平洋戦争の時期です。一九四一（昭和十六）年十二月八日、ハワイ真珠湾攻撃で開戦してからは、毎月の八日を「大詔奉戴日《たいしょうほうたいび》」と呼んで、神社に行き必勝を祈願するようになりました。「大詔」とは天皇が発表した「米国、英国にたいする宣戦の詔書」のことです。咸興の街にも大きな神社があり、おそらく全校児童だったと思いますが毎月参拝に行きました。時には錦町小学校とかち合うこともあり、そんなときは私たちの参拝が終わるまで、錦町小学校の児童たちは参道で待っていました。寒い冬も、暑い夏もそのようなことがあり、自分では変だなあと感じることはありましたが、それが当たり前という気持ちになっていました。

鉄道官舎にはよく朝鮮人が物売りに来ました。リヤカーをひいて朝鮮飴を売りに来る男性を私たちは「アボジ」と呼んでいました。木を船形に彫った大きな皿のような器に、リンゴを一杯入れて頭の上に載せた女性は「オモニ」と呼んでいました。何となく美味しそうな気がして買いたくなるものでしたが、どの家庭でも同じように「汚い、不潔だから買うな」とやかましく言われていて買えませんでした。

街の通りでは大きな赤牛がひく牛車をよく見ました。牛をひく人、荷物の積み降ろし、牛糞の始末などはみんな朝鮮の人でした。官舎の家々のごみ箱の始末、道路の工事などもそうでした。そのようなことが重なるなかで朝鮮の人々に対する蔑視と言うか、差別感情が私たちの心や態度にも沁み込んでいき、それを当たり前に感ずる生活感情が育っていたと思います。

小学四年生の途中で、咸興を離れ高原（コウオン）という小さな町に引っ越しました。咸興から南下すると元山（ウォンサン）という港町があります。その中間に高原があるのです。朝鮮半島の西側の平壌（ピョンヤン）から東側の高原まで、朝鮮半島を横断する鉄道が敷かれ、父が高原の機関区長になったのです。太平洋戦争が始まって二年目です。戦時でもあり鉄道輸送にもそれが反映したのでしょう、父の勤務の忙しさや重さが子どもにも感じられました。

小さな町でも日本人が通う学校と朝鮮人が通う学校は別でした。神社もあり大詔奉戴日には参拝もあり、咸興で行われていたように朝鮮人の学校を待たせることは、ここでも行われていました。

私は四年生の学年末に左大腿骨を骨折し長期の入院中、結核性の肋膜《ろくまく》にかかり、結局一年休学しました。その時期に父も多忙が重なり体調を崩し、機関区の現場を離れ咸興の鉄道局に転勤することになり、再び咸興に転居しました。咸興での新しい家は咸興駅から二キロ余り北にある鉄道局の官舎でした。そこは戸数も多く大規模で近くに総合病院もあり、家も広くなりました。家の前の道路を挟んで子どもなら野球ができるほどのグラウンドがあり、その向こうには鉄道に勤務する独身者の寮や研修施設が幾棟も建っていました。グラウンドの脇にはクラブもありました。一帯は鉄道関連の施設が集まった地域でした。駅からは特別に線路が敷かれ、小さな蒸気機関車が一、二両の客車をひいて往復し、街や学校へ行くのには大方これを使いました。

この線路はもっと北に延びると、湖連川（コレンセン）という川を遡《さかのぼ》り、線路に敷く砂利《じゃり》（バラスと言っていた）を採取するための線路になっていました。父が二度ほど、この線路を砂利を積む枠《わく》の低い貨車に乗って川を遡り、砂利を取る辺りまで連れて行ってくれたことがあります。川の中を走る線路は場所によっては水がかぶり、車輪が水しぶきを上げます。川底の白い砂利、澄んだ水、明るい空、川に面した丘にはリンゴ園が散在し、遅い春だったのでしょう、白い花が咲き、丘が白く波打っていました。忘れることのできない風景でした。

五、戦争末期の日々

太平洋戦争中、日本では多くの都市が空襲を受けていたのですが、朝鮮ではそんなこともなくのんびりしていました。時にはＢ29が飛来し空襲警報が鳴り、庭に掘った防空壕に隠れることもありましたが、Ｂ29は高い空を白い飛行機雲を引いて飛んでいくだけでした。近くの陸軍の飛行場から車輪の引っ込まない小さな九七式戦闘機がＢ29目がけて上昇していくのですが、その小さい飛行機がずーっと高くを飛ぶＢ29まではとても届きそうになく、子ども心にも無駄な感じがしました。父の話では満州と朝鮮の国境を流れる鴨緑江（オウリョクコウ）にある水豊（スイホウ）ダムや咸興のすぐ近くの興南（フムナム）の工場を偵察《ていさつ》に来るのだろうということでした。

咸興に帰り一年遅れて五年生に入ると、学校の雰囲気は変わっていました。学校の敷地の裏の傾斜地に、空襲のときに爆風や火の粉を避けるための「蛸壺《たこつぼ》」と呼ぶ穴を掘ったり、飛行機のエンジンの潤滑油《じゅんかつゆ》になるというので山に松の根を掘りに行ったり、空襲のときの避難訓練があったりしました。校門の横の奉安殿の反対側に藁《わら》を束ねた筒が二つ立てられ、その上に当時のアメリカ大統領ルーズベルトとイギリスの首相チャーチルの似顔絵がつけてあり、毎朝校門を入ると奉安殿に礼をした後、その藁の筒を木銃で二、三度掛け声をかけて突いてから校舎に入りました。

鉄道官舎でも防空訓練があり、夜は灯火管制といって明かりが外に漏れないように電灯に黒い布をかぶせたり、窓を幕で覆ったりしました。日用品や食料は配給制で、特に砂糖や菓子などは窮屈になりました。お汁粉や牡丹餅には会えなくなりました。

五年生の新学期が始まって間もなくのある日、上級生は近所の下級生を連れて帰宅せよと指示されました。下校の途中、刑務所の方角から煙が上がるのが見えました。街には警官や軍の車が行き交い異様な雰囲気がありました。何事かが起こったのは感じましたがそれ以上のことはなにも分かりませんでした。

一九八〇年代の末に『朝鮮終戦記』（磯谷季次著・未来社刊）を入手し、それに一九四四（昭和十九）年の春に咸興刑務所で受刑者たちの組織的な暴動があり、軍隊や警察との銃撃戦の末鎮圧《ちんあつ》されたとあり、あの時のことがその事件だったと分かりました。

私たちが異常なこともなく平穏に暮らしていると思っていた時期に、同じ街で植民地でしか起こらないであろう事件があったことを、四十年以上も経って知りました。

そのうちに私のすぐ下の弟、浩が病気になり、近くに大きな病院がありながら満足な治療を受けられないと母が嘆いていましたが、病状は悪化し一九四五年の四月二十六日に亡くなりました。ささやかな葬式もあり、初めて肉親を亡くす悲しさを知りました。

今思うと、日本の植民地支配と戦時体制が揺らぎ出すのにつれて、個人の家庭にも不幸の影が迫っていたのです。

六、敗戦後の激変

一九四五年八月十五日は突然やってきました。結核で職場を休みがちだった父が昼近くに家族をラジオの前に集めました。天皇の声は何を言っているのか私にはよく聞きとれませんでした。放送が済むと、父が「昭雄、寮に行って日本が戦争に負けたと言ってこい」と言いました。私はグラウンドを横切って独身寮まで走って行き、寮の入り口で「日本が戦争に負けたという放送だった」と伝えました。十人ほどの若者がどかどかと集まって来て「そうか」「やっぱりだったのか」と顔を見合わせていた姿を覚えています。

それは、放送の中身ははっきりしなかったがやはり負けたのかという感じと、負けるのではないかと思っていたがやっぱりそうだったのかという感じが交じっていました。

我が家では時折、父が「負けるかもわからない」などと言うと、祖母が「寅二どん、めったなことを言うもんじゃなか」と注意していました。祖母にとっては娘の婿《むこ》であり、甥《おい》でもあるのでこのように気軽にたしなめていたのですが、父にも祖母にも〈絶対に勝つ〉といった思い込みや〈神風が吹く〉といった感情はなかったと思っています。

父は日頃から、アメリカは一軒の家に自動車が二、三台あるとか、アメリカの鉄道は日本よりずーっと規模が大きいと言っていました。私が日本の鉄道は時間が正確なのにアメリカの鉄道は延着したりするそうだというと、アメリカの大陸横断鉄道というのは日本の鹿児島から青森までの何倍も長い距離を走るのだから、それが当たり前だと説明してくれました。

八月十五日を境に、家族の生活も個人の立場も、それまで日本人が作ってきた行政や社会の仕組みも崩れ、私たち日本人を守ってくれるものは全てなくなりました。十四日までは我が家のそばのグラウンドに毎日訓練に来ていた陸軍の兵士たちがピタッと来なくなり、通りに出ても兵士の姿も警官の影も一切見えなくなりました。二、三日経った晩遅く、勝手口の戸をたたく音がします。母が出てみるとグラウンドに訓練に来ていて顔見知りになっていた兵士でした。軍服のズボンにシャツ姿で「なんでもいいから服をくれ」というので出してやると、礼を言ってこそこそと暗い夜の中に消えていきました。国民を守ってくれると思っていた頼りになるものが消えてしまった現実が子どもにも伝わりました。同時に朝鮮の人々が恐ろしい存在になりました。

三、四日すると、誰それが連れていかれてひどい仕打ちを受けたなどという噂《うわさ》が聞こえてきました。二十日過ぎにはソ連軍が咸興にも進駐してきました。鉄道局の前の道路に、怖《こわ》いもの見たさで出てみました。くすんだ緑の軍服を着た兵士を満載したトラックが、途切《とぎ》れることなく続いて来ました。こんなに多くのトラックの列を見たのは初めてで、日本が負けたことを何となく納得させられた気になりました。ただ乗っている兵士たちはアジア系で、以前から見かけていた白系ロシア人とは違う人種でした。

間もなく、そのロシア兵が官舎にも現れました。初めの二、三日はこそこそと庭に入ってきてトマトをちぎったりしていましたが、すぐに銃を構えて土足で家に入って来て略奪を始めました。ドアを閉めて鍵

左から昭雄、浩、母と六郎、父と孝子、久臣

をかけても銃で激しく叩くので鍵をかけずにいました。どこの家でも最初に奪われたのは腕時計でした。腕に腕時計を三つも四つもはめて得意そうにしている兵もいました。

　数日すると、女性が連れていかれるということが分かり、我が家でも母が頭を丸坊主にして男の服装をし、押し入れの奥の床を切り、ソ連兵が来たときには母がそこに隠れ、上から箱や行李《こうり》を乗せ穴を隠しました。ラジオ、目覚まし時計、きれいな陶器や食器類、衣類など、気に入った物を手当たり次第に奪っていきました。夜になると、どの家も電灯を消して戸締まりを固くしました。そんな中をトラックの音がしてソ連兵がやって来ました。どこかで女性の悲鳴が聞こえることもありました。夜のトラックの音が恐怖の音になりました。

　そんなどさくさの中で、生まれて一歳半になる末の弟、武臣が急に体調を悪くし、治療も十分にできないまま八月二十四日に亡くなりました。葬儀らしいこともできず火葬場に運び火葬をしました。短い間に二人の弟の命を失うことになりました。

　ある日、ソ連兵が三、四人家に入ってきて、父が手塩にかけて作っていた電蓄に目を止めて、二言三言話すとそれを持ち出し始めました。さすがに父は惜しかったのでしょう、止めようとしましたが病気で弱っている体は押しのけられ、レコードのプレーヤー、音を大事にしていたのでスピーカーは大きな板にはめて壁に掛けてありましたがそれも板のまま、電蓄一式に目についたレコードなども持ち出されました。数日後、そばのグラウンドの脇にあるクラブからレコードの大きな音が聞こえてきました。父は「うちの電蓄だ」とつぶやいていました。

八月の末になると、咸興より北の方から逃れてきた人たちが続々とやって来はじめました。着の身着のままの汚れた姿で、疲れ果てた集団が官舎のそばの独身寮や研修棟などに収容されました。初めは子どもたちが沢山いましたが、やせて腹だけが異様に膨れた姿が目につきはじめ、九月に入るとその子どもたちが死にはじめ、次々にどこかへ運び出されて行きました。チフスや赤痢が流行っているという噂でしたが、医療関係の人の姿はみえません。子どもの姿が目に見えて減っていくのが分かりました。

敗戦の一九四五年、我が家の家族は九人でした。翌年の二月までに四人が亡くなりました。

・父　寅二（とらじ）　四十三歳（一九四六年二月二日、死去）
・母　ハルエ　三十八歳
・兄　久臣（ひさおみ）　十七歳
・私　昭雄（あきお）　十三歳
・弟　浩　（ひろし）　九歳（一九四五年四月二十九日、死去）
・妹　孝子（たかこ）　六歳

・弟　六郎（ろくろう）　　　　三歳
・弟　武臣（たけおみ）　　　　一歳（一九四五年八月二十四日、死去）
・祖母　古河タケ　　　　七十一歳（ハルエの母、寅二の伯母。一九四六年二月十日、死去）

七、朝鮮半島最北端の人たち

八月の末から咸興にたどり着いた人たちは、朝鮮・満州・ソ連の三国が国境を接する朝鮮半島最北東部の地域から逃れてきた避難民でした。私は、この人たちと現在の中国東北部（満州）の北部とモンゴル南部地域にいた人たち（満蒙開拓団と呼ばれた）が、敗戦後最も悲惨な状況に追い込まれた日本人だと思っています。

この人たちが住んでいた朝鮮最北東部の地域では、一九四五年八月八日、ソ連が日本に宣戦を布告すると同時に雄基（現先鋒）、羅津、清津など一帯は、空と海から激しい攻撃を受けました。十日にはソ連軍が上陸して各地に攻め込んできました。予想もしなかった事態に多くの日本人はほとんど夏の服装のまま、わずかな食糧を持って逃げ出すのがやっとで、確かな情報もないまま逃げ惑い、それまで住んでいた家に二度と帰ることはできなかったのです。やっと貨物列車を見つけて乗っていると、軍の関係者が乗る車両だからと降ろされた人たちもいました。なかには運良く列車で南に逃れた人もいましたが、多くは野宿を重ね、飢えに耐えながら、私たちがいた咸興を目指して南へ歩いて逃れてきたのです。途中、敗戦の報も知らず逃げ隠れしながらの長い道、その道のりが三百キロを超す人達もいたのです。途中で死んだ我が子を捨てたり、歩けなくなった人を見捨てたりしながら咸興にたどり着いた人たちの数は今も不確定です。

八、強制転居が続く

九月の半ばにソ連兵と朝鮮人が来て、二、三日中に家を空けろと通告しました。鉄道局の向かい側の練兵場に続いて陸軍の連隊の兵舎があり、金網で囲われていました。その外に軍の官舎がありました。母と兄がどうして探したのかその一軒に引っ越すことになりました。引っ越しといっても荷造りをする時間も運ぶ手段もなく、寒い冬に向かうための衣服、最小限の炊事道具など限られたものを持ち出すのが精一杯でした。翌日、それまで住んでいた家に行ってみると、父が長年そろえたレコードも、家具のめぼしい物も、ほとんどが消えていました。もちろん、レコードはSP盤です。未完成交響曲やカルメン前奏曲、軽騎兵序曲、ベートーベンの運命などのクラシックの他に「前畑ガンバレ」で有名な河西三省《かさいさんせい》アナウンサーの録音盤もあり、よく聞いたものでした。気丈な母の目に涙があふれました。これが敗戦後の第一回目の転居でした。

引っ越した家は、道を挟んで向かいの家にソ連兵が数人住んでいる様子でしたが、特に無法なことをする感じはありませんでした。家からは金網の柵の向こうのソ連兵の動きがよく見えました。衣服の洗濯をして着替えがないのか、屋根の上で日なたぼっこをしながら乾くのを待っている様子だったり、レンガを積んで焚火《たきび》をして肉を焼いたり、それまで見聞きした略奪や暴行をする姿とは違うソ連兵の様子を見ました。その頃になると、アジア系の兵士は少なくなり、多くは白人の兵でした。規律もいくらか整ってきたのではないかと兄と母が話していました。昼間何人かで乗り回していた馬を、夕方には殺して腹を割《さ》いて解体を始め、いわば焼き肉パーティーをする様子も見ました。大声で歌ったり話したり楽しそうでしたが、少し前まで乗り回していた馬を殺して食うのには驚きました。

十月に入ると本格的な冬です。氷が張り、つららが下がりはじめます。向かいの家のソ連兵たちは、どこから持って来たのか畳をほとんどのドアや窓に張り付けて外気を防ぎ、限られたドアだけを使って出入りしていました。その兵士たちと挨拶をし、手ぶり身振りで話をしたりするうちに、遊びに行くようになりましたが、家の中は七輪やストーブのわずかな暖房でもとても暖かくて、寒い地域の冬を越す知恵に感心しました。

その兵士たちがくれるロシアの黒パンは、初めは独特の匂いとすっぱい感じになじめませんでしたが、食べ慣れてくると美味しくなりました。進駐して略奪をする姿とは違う親しみやすい普通の人間の姿を知る機会にもなりました。しかし二カ月足らずでまた退去の通告が来ました。

やっと見つけたのは敗戦まで住んでいた元の家の近くにある独身寮の一つでした。それは長い廊下を挟んで両側にやや大きな部屋が並んでいる寮でした。各部屋は板の床を挟んで、両側が一段高くなっていて、そこに畳が五、六枚敷いてあるだけの仕切りも何もない部屋でした。中央の床が通路になり、一方が部屋の入り口で、もう一方が外に向いた窓でした。その部屋に三家族が入りました。

我が家は七人でしたので一方の畳を全部使い、後の二家族がもう一方の畳を使いました。病身の父は一番端に布団を敷きました。寝るときは私か兄が押し入れに寝ました。炊事もトイレも共同で、とても不便でした。おまけに長い廊下の一方だけが出入り口で、それも耐火扉で重くて開けたり閉めたりが面倒なので、私たちは部屋の窓に大人の背丈より高い梯子《はしご》を掛けて出入りしました。

なぜそんなことをしたかというと、その辺りは夜になるとまだソ連兵が略奪や女性を目当てにやって来るからです。実際、幾晩か入り口の耐火扉をわめきながら硬いもので叩いて開けようとしました。夜になり寮の近くにあのトラックの音がするとどの部屋もじっと身構えています。扉をたたく音が寮中に響き恐ろしい時間でした。そんなことが幾夜か続き誰の発案だったのか、こちら側からも石油缶をガンガン叩いて追い払おうとしました。二、三回そのようなことがあってからは来なくなりました。厳しい状況の中でも、逃げたり隠れたりするだけでない方法を見つけなければならないことを知った思いでした。出入り用に窓にかけた梯子は、晩になると引き揚げて部屋の中に隠しました。

食糧はますます厳しくなりました。少し足を延ばすと冬枯れの田んぼでした。兄と一緒に田んぼを歩いて落ち穂を拾い、それを一升瓶に入れて棒で突いて籾殻《もみがら》を剥《む》こうとしましたが、簡単にできるものではありませんでした。私たちの寮の近くには、あの北の方から逃れてきた人たちもいましたが、この頃には子どもの姿はほとんど見なくなりました。そしてお年寄りの姿も消えました。

その頃、兄が人から聞いた話だといって、鉄道局の向かい側の練兵場から北に続く郊外の丘に、今から死ぬ人を予想して穴が掘られている、その仕事に行くといくらかお金をくれるそうだと、父に聞こえない場所でそっと母と私に話しました。父の病状はだんだん悪くなっていました。

同室の三家族の内、我が家のほかのもう一家族は偶然に鹿児島出身でした。父や祖母とはよく鹿児島の話をしていました。ある日父がそのご主人と、鹿児島に帰ったら何が食いたいかと話していて、「からいもんもち（唐芋ん餅）」を食いたいと言い、ハハハハといつになく明るく笑ったのを覚えています。

十二月に入ると寒さはいよいよ厳しくなりました。官舎の二重窓やオンドルが無性に恋しくなりました。その一帯は鉄道関連の施設でしたので敷地を造成するのに機関車で燃やした石炭殻が使われた場所がありました。そこにはまだ燃料として使える、コークスと呼んでいた石炭殻もあり昼間はそれを拾いに行きました。夜の寒さをしのぐのに少し役に立ちました。どんなものを食べていたのかはっきりした記憶はありませんが、少しの米に大豆や雑穀を混ぜて食べていたのだと思います。

父の病状は悪くなる一方でした。同部屋で他の家族と暮らすのは無理なので母と兄が街の中に部屋を見つけました。咸興の街のほぼ中心部、公会堂の横の朝日湯という銭湯の二階の一室です。

年の暮れも近いある日、リヤカーの上に戸板を乗せそれに布団を敷き、父を寝かせて寒くないように毛布や布団をかぶせ、約二キロ余りある道を兄と私がひいたり押したりして引っ越しました。

兄が父をおんぶして二階に上がったのだと思います。新しい部屋は六畳一間、父の布団を敷くと残りの六人には狭い部屋でした。ここでも私か兄は押し入れに寝ることになりました。廊下の隅に小さい流しがあるだけで煮炊きは廊下でしました。二階にはもう一家族、咸興警察署の高官の家庭で、主人は敗戦後すぐ連行されてどこにいるかわからないということでしたが、トイレはその家族との共用でした。その家族の部屋と廊下は少し広く過ごしやすそうでした。十六、七歳の双子の息子さんがいて、二人ともほとんど見えないほどの弱視でした。それにM子ちゃんという小学三、四年くらいの女の子がいました。

九、極寒の如月《きさらぎ》、二人の死

それまでいた市街地から離れた鉄道関連の施設のある地域とちがい、敗戦から五カ月ほどが経ち街には色々な動きがありました。母と一緒に行った市場には色々な食べ物や品物が並んでいました。敗戦以前には見たこともなかった、魚の干物、豚の頭、毛がついた豚足やしっぽ、豚か牛の血を固めて羊羹のようになったものや、米や高粱《こうりゃん》などの穀類などもありました。母は「お金があれば何でも買えるね」と言いながら父に食べさせるものを少しずつ買い求めました。しかし、それも父の快復を促すことにはなりませんでした。

二月二日朝、父は死にました。祖母が水を含ませた綿で父の口を潤《うるお》すように言いました。それを済ませて、爪と髪の毛を少し切り紙に包み、ローソクと線香に火をつけて、家族そろって手を合わせると葬儀は終わりました。昼過ぎ母と兄がお棺を見つけてきて父を納めました。埋葬はその翌日だった思います。国分出身の遠い親戚にあたる若い男性（Tさん）が知り合いを連れてきてくれて、練兵場の奥にあるリンゴ園のそばの丘に運び、穴を掘って葬りました。後で母が父を埋めるだけの土地を買ったのだといいました。すぐ近くに火葬場がありましたが火葬はできませんでした。

その頃、発疹チフスが大流行していました。多くの避難民や家を追われた人々が狭い所に押し込められ、入浴も着替えもままならない状況下でシラミがふえ、それが媒介する伝染病だったのです。栄養不足のうえ四十度を超す高熱で多くの人が死にました。父が亡くなったときには、母はすでに発熱していましたが埋葬は済ませたのです。続いて兄、久臣と一番下の弟、六郎も似た症状になりました。治療も出来ず病院に隔離されることになりました。七日か八日には三人が病院に連れていかれ、部屋には祖母と私と妹が残りました。実はこの時祖母も発熱気味だったのですが病院に行くことを拒んだのです。

母たちが連れていかれてから、祖母の具合はみるみる悪くなりました。九日の真夜中から苦しみだし、何度も胸を押さえてくれと言いました。寝間着の上からやせた胸を押すと速い鼓動と高い体温が伝わってきました。弱々しい体を押さえ続けるのは無理な感じがして止めると、「苦しい、押さえて」と催促され、それを繰り返すうちに夜明け近くなりました。

街は昼の間平穏な感じですが、夜になると時折銃声がして「ヒューッ、ヒューン」と弾丸が空気を切る音が聞こえ、瓦にカチン、カランと当たる音が聞こえます。「シュッ」と短く鋭い音は近くを弾が飛ぶ音です。そんな音を聞きながら「お祖母ちゃん、もうすぐ夜が明けるから」と声を掛け、胸を押さえます。しかしそのうち鼓動は弱くなり、途切れ途切れになり、さらに間遠くかすかに打っていましたがとうとう合図をしなくなりました。窓が薄明るくなっていました。十四歳の私と、七歳の妹二人の孫が見守る臨終、享年七十二歳でした。父の時と同じように爪と髪を切り紙に包み封筒に入れました。

夜が明けて街が動き始めると、私は街の市場に菰《こも》を買いに行きました。記憶がはっきりしませんが、その途中で遠縁のTさんに出会い祖母の死を話したのでしょう。私が菰と縄を買って帰り、しばらくすると、仲間と一緒に大八車をひいてきました。祖母を薄い布団のまま菰で包み、縄を巻いて狭い階段をずらすようにして降ろしました。どこに運ぶのか聞きましたら、火葬場の近くだといいます。父を埋めた近くです。妹は部屋に残すことにしました。私は二人がひく車の後を、菰を結んだ縄の端を握ってついていきました。時折薄日の差す寒い日でした。

刑務所の裏の道を北に行き、練兵場を過ぎて小さな丘を回ると火葬場に行く道で、リンゴ園の間の緩い坂を抜けると左に小高い丘がありました。二人は車をそこに置き祖母を包んだ菰を担いで丘を登ります。私も後を付いていきました。丘の斜面には土をかぶせた穴、菰や布で包んだ死体が置かれたままの穴、掘ったままの穴と、いくつもの穴が一面に広がっていました。一つの穴に二、三十体は入るだろうと思われました。兄が話していた穴はこれだと思いました

掘り上げた土が硬く凍っているので、一杯になっても土をかぶせてない穴がいくつもありました。犬がうろうろと歩き回り、カラスが何羽も舞っていました。なかに二つ、三つ口を大きく開けた死体がありました。Tさんが「金歯を抜かれたのだろう」と言いました。すでに十四、五体置いてある穴に祖母を置きました。それ以外は何も出来ません。手を合わせたのか記憶がありません。私はその場所を確かめるように見回しました。少し離れたところに火葬場の煙突があり、その左手の丘の陰が父を埋めた場所でした。祖母の穴を確かめてしばらく立っていましたが、促されてその場を離れて丘を降りました。部屋に帰ると妹は一人で待っていました。

その翌日から二人でどんなにして買い物をし、食事をしたのか記憶がありません。小さな茶碗に灰を入れ線香立てにしていましたから、毎日線香は焚きました。

数日して母たちが入院している病院（サイケイ〈済恵〉病院と呼んでいた）に妹と行きました。入り口で訳を話すと外で待っているように言われ、しばらくすると入り口の上のベランダのような場所に母と兄が顔を出しました。私たちは「おばあちゃんが死んだよ」と伝えました。母がうなずきました。その他に

はほとんど言葉を交わさなかったと思います。帰る道が凍っていて歩きにくかった記憶だけが鮮明です。

三月の中旬になり、母、兄、弟の三人が帰ってきました。敗戦前まで九人いた家族は五人になっていました。祖母が居なくなった部屋に座ったときの母の悲しさ辛さがどれほどだったか想像もできません。祖母は、母が一番末の弟、武臣を妊娠してお産が近づいた一九四三年に、鹿児島から娘のお産や家事の加勢に来たのです。自分を助けようと朝鮮まで渡って来た祖母をこのような運命に遭わせることになって、母はどんなに辛く思ったことでしょう。二人の子ども、最愛の夫、さらに実の母をたて続けに失い、告別の手だても叶《かな》わなかった悲しみの深さを推し量ることはできません。

ずーっと後になって分かったことですが、病弱な四歳の弟を含む三人が無事に退院したということは奇跡的なことだったのです。入院中のことを兄が話してくれましたが、毎日次々と人が死んだ。死体は裸にされ口や鼻、陰部などに黒いタールのような液が塗られコンクリートの部屋に積んであった。治療らしいことはほとんどなくただ寝かされているだけで寒さと熱に耐えることが生死の境だったのです。弟は退院してからもうまく歩けませんでした。しかし、家族五人は何とか生き延びたのです。

十、日本へ引き揚げ（帰国）の動き

二月、三月には日本人世話会という組織が少しずつ機能し始めて、帰国の可能性について噂が流れ始めました。敗戦当時、咸興には約八千人の日本人がいました。それが年を越すころには咸興以北からの避難民で一挙に八万人を超し、前述した鉄道の寮や街中の旅館、遊郭や倉庫などに詰め込まれ、食糧の絶対量も不足して飢えと寒さに襲われていたのです。街の通りでは毎日死体を積んだ車を曳《ひ》く姿がありました。我が家も、母たちの体調の回復と暮らしのめどを立てて、帰国にそなえることを考え始めました。私も子どもなりに何かできないかと考え、日本人が煙草を売っているのを真似て、市場でタバコの葉を買ってきて、それを細く刻み兄が見つけてきたコンサイス英和辞典のページを切って巻き煙草にし、二十本一箱にして街角に立って売ってみました。兄は作る加勢はしましたが売りに出るのは私でした。しかし思ったようには売れずタバコの葉を買った分を取り戻すのがやっとでした。

街では時々デモがあり、ソ連の憲兵や朝鮮の保安隊が発砲したりして抑えることもありました。土地を取られることに反対するデモだとか、金日成を支持するデモだとか噂がありましたが、正確なことはわかりませんでした。母も兄も少しずつ元気を回復していましたが、弟はなかなか普通に歩けるようにはなりませんでした。

帰国の動きは急にやって来た感じでした。近いうちに南に行く列車が出るそうだというので、母が一度お父さんとお祖母ちゃんのお墓を見ておこうといい、あの火葬場のそばの丘に行きました。父を埋めた場所は母も兄も知っているので、迷わず行けてお参りをしました。祖母の墓は私しか知らないので、心に刻んだ記憶を確かめながら丘を登りました。穴には土がかぶせてありました。私が指さす場所で母はひざまずき、じっと手を合わせました。その時何を話したのか、何も話さなかったのか記憶がありません。ただ丘を降りるときの母の足取りが危なっかしかった記憶があります。道の途中のリンゴ園には花がほんのわずか咲き始めていました。

帰国後、母がその時の思いを詠んだ歌がノートに書き残してあります。

父の墓　松の下なる石のもと　子供と語り別れ惜しみぬ
引き揚げの別れを告ぬと来て見れば　若草生えて水もぬるみぬ
又来る日を祈りて帰る　母と子が　後振りかえり　名残り惜しみて
母の墓　十二のなかの四列目　一番下とたしかめ拝む

そのノートにも、病後のよろめく足を踏みしめて行ったとあります。

十一、北緯三十八度線へ

一九四六年五月十四日、咸興駅前の広場に多くの日本人が思い思いの荷物を持って集まりました。そして次々と有蓋《ゆうがい》の貨物列車に乗り込みました。限られた車両に多過ぎる人の数。私たちが乗った車両も、座ることも出来ないほどの詰め込み状態でした。いつ動き出すか分からない貨車の中で、持ち込んだ荷物を隅にまとめたりして何とか座れるようにはなりました。しかし身動きはできず少し腰を浮かすと横の人が自然と押してくるのです。母は病気が治りきっていない弟を抱いています。兄と二人でそれをかばおうとするのですが、かえって家族五人が狭く押し返される一方でした。鉄の扉が閉められ、四隅《よすみ》にある小さな窓からの光だけで車内は暗くなりました。列車は動き出したのですが、扉の隙間から外を見ている人が通過する駅の名前を知らせてくれるときだけ、どこあたりを通過しているのかが分かりました。

急に列車が止まりました。外から「用を足す人はここでしてください」という声が聞こえました。みんな急いで降りて線路わきで用を済ませました。いつ動き出すのかわからず不安なのでまた急いで貨車に乗り込みましたが、自分の座る場所を確保するのも苦労が要りました。

さらにしばらく走るうちに「高原だ」という声です。二年間過ごした町です。見たいと思いましたが列車はゆっくり通り過ぎました。咸興から八〇キロ余り、急行列車で一時間少々なのですが、その何倍もかかっています。その後、用便の停車は一、二回しかなく、我慢のできない人のために誰かが大きな缶詰の空き缶を出してそれに用を足し、それをバケツリレーのようにして隅の小窓まで運び外に捨てました。ぎっしり人が座っている中で用を足し、それを人に渡して捨ててもらう。普通ではありえない光景でした。

身動きは立て膝を正座にするぐらいで、胡坐《あぐら》をすると膝の下に隣の人の足が潜ってくる、横になることも出来ない、そんな状態が一時間、二時間続くと頭がぼーっとなりそうでした。

港町、元山（ウォンサン）を過ぎて三防（サンバン）という駅で列車は止まりました。これから先は進まないから全員降りるように言われました。駅の周辺には何もありません。駅ひとつ南へ行くと三防峡というスキー場のある駅なので夜露はしのげる場所があるだろうとそこまで歩きました。なかにはそのまま歩き続けて南下する人たちもいましたが、私たちは弟の病状が思わしくなく、何とか夜露を避ける場所を見つけてしばらく滞在することにしました。三日、四日すると大方の人たちは南下をして行き、残っているのは歩くのが難しい人たちだけのようになりました。

この時の状況で私の記憶にないことを、二〇〇四年に兄が手紙で知らせてくれました。次はその一部です。

家族四人が『日本に帰る』との想いだけで歩いた北朝鮮の山野の姿。暖かくオンドルに寝せてくれた『広島から帰った』と言っていた朝鮮のアボジ（朝鮮語で「父、お父さん」の意味で、私たちは大人の男性をこう呼んでいた）。あれから半世紀、あの分断の地は……空しさが悲しいですね。三防峡スキー場の民宿から、日本共産党員の若者からもらった抗生物質（ストマイかペニシリンか）で助かった六郎を母がオンブして歩きはじめて三日目、鉄原街道を横断する朝、川沿いの道から街道に登ったときに聞いた「郭公」の声、あの明るく澄んだ声は、周りの広々とした里山の風景と、五月の明るい陽光と共に生涯忘れることはないと思っています。

どうにか熱の下がった弟を母がおんぶして、鍋とわずかな荷物を兄が背負い、私は父が生前「ぜひ日本に持って帰れ」と言った高麗焼の壺に、二人の弟の遺骨と父と祖母の遺髪と爪を入れ、残していた写真やわずかな着替えなどを背負いました。

最後まで残っていた三十人ほどの人々と一緒に歩き始めました。道を知っている人はいません。今日はどこまで行くのか、どこに泊まるのかもわからない、とにかく南に向かって北緯三十八度線を越えるために歩くのです。道標《みちしるべ》と言えば先に行った人々が煮炊《にた》きをした焚火《たきび》の跡、時には人を葬った跡らしい新しく土を掘った跡なども頼りになりました。ソ連兵に見つかると北に送り返されるということなので、大きな道を避け山道や畑の縁、昼間より夜道が安全というので進みははかどりませんでした。一行のなかに歩けない大柄な女性を、朝鮮でチゲと呼んでいた背負い子（しょいこ）に載せて、二人の男性が交代で背負って歩く家族がいました。ある晩方、長い列になって山道を歩いているとき、その家族が前に行く列と違う道に入っていくのです。私が声を掛けようとすると横を歩いていた男性が「黙れ」と合図しました。その家族はそっちに行ってしまい、その後会うことはありませんでした。その家族の歩みが遅いのが一行の歩みを遅らせていたので、声を掛けるのを止めたのだと思いました。

夜は運がよければ人家の屋根の下に、または軒下の時もありましたが多くは野宿でした。母は弟をおんぶして歩きながら「六郎は息をしているね？」と尋ねることもありました。私は四年生の時の骨折の後遺症で骨髄炎になり、完治しないまま膿が少しずつ出続けていて、左足の大腿部に包帯を巻いていました。歩く途中にきれいな川があると包帯を洗いリュックに引っ掛けて乾かしながら歩きました。ある晩、屋内に寝ることが許されましたが、二、三人の朝鮮の男性が持ち物検査をするというのです。井戸に毒を入れられるといかんからと言うのです。拒否も出来ず持ち物を並べられました。私のリュックの写真を見ていた一人が「日の丸の写真だ」と言い、父が職場の正面で同僚と並んで撮った写真を取り上げました。人が並んだ後ろの壁に貼ってある日の丸が写っていました。父の写真とは関係ないといいましたが聞き入れず、他の写真まで全部取り上げられました。よほど日の丸が憎かったのか、後で母は、屋根の下に寝せたけれどみんながあまりお金を出さなかったので腹いせにしたのかもしれないと言いましたが、私は日の丸に対する嫌悪の気持ちの現れだと思っています。

大きな道を避けて歩くうちには大小の峠をいくつか越えました。私は左足の包帯が邪魔で歩き難い日もありましたが、集団がゆっくり歩くので何とか付いて行けました。峠は上りより下りの方が辛いことも知りました。

ある日、どうしても大きな道を越さねばならいことになりました。朝暗いうちに歩き始め、薄明かりの中で道路を横切り、しばらく歩いて小高い所で休みました。空は晴れてまばらな木々の枝に北国らしい新緑がとても美しく目に入りました。その時、遠く近く郭公が鳴きました。危険な場所を通り過ぎてホッとしていたせいか、周りの明るい風景と郭公の声がとても優しく、目や耳を通して体に沁みてくる感じがしたことを覚えています。兄も同じように感じていたことを前述の便りで知りました。

グループのリーダーの男性が「あれが鉄原（チョルウォン）です」と言って指さす遠くに、町が見えました。誰いうとなく「大分来たのだね」「もうすぐだね」という気持ちが通い合う感じがしました。
※私たちが南へ向かって移動した距離（当時の鉄道の距離数を基に推測）
咸興→三防峡（すし詰めの貨車で移動した）百八十九キロ。

三防峡→鉄原　六十一キロ。鉄原→三十八度線越えるまで　二十五キロ。

三防峡→三十八度線を越えるまで、約八十六キロになる。

鉄路はいわば最短距離。実際は田舎道、山道などを隠れながら歩いたので、実際に歩いた距離は百二十キロを超えたのではないか。七日で百二十キロ、一日平均十七キロ余りになる。

十二、北緯三十八度線を越える

そして七日目、三十八度線を越える最後の夜が明けました。朝鮮人が案内して繁みを抜けて開けた川岸に出ると、川舟がありました。二艘《そう》の舟に分かれて乗り東豆川（トウトウセン）を越えました。やっと脱出したと思ったらもう一度川を渡るというのでみんなからお金を集めて二度も川を越えました。

川岸からなだらかな斜面を登ると小さな歩哨舎《ほしょうしゃ》がありアメリカ兵が三、四人立っていました。これで三十八度線を越えた、生きて日本に帰れると考えましたが、なぜか「やったー」という湧き出すような喜びは湧いてきませんでした。アメリカ兵はみんなを並ばせて、空気入れのようなポンプで頭といわず腹と言わず、襟や袖から白い粉を吹き掛けました。ＤＤＴだったのです。その対応が事務的でツンとしていて、咸興で接したソ連兵とは違う冷たさを感じました。

そこから無蓋貨車で京城《けいじょう》（ソウル）に行き、大きなお寺に収容されました。そこで出された食事は少し傷みかけた大豆がいっぱいのお粥、いれ物は骨壺でした。母から「京城に着いたらお菓子を買ってあげる」と言われていた妹と弟の夢も消えかけましたが、兄か母がどこで見つけたのか生菓子が手に入り、二人がおいしそうに食べていた記憶はあります。残念ながら自分が食べた記憶はありません。

京城に着けばすぐに釜山に行くということでしたが、釜山でコレラ患者が出たというのでその寺に一週間ほど足止めでした。その間も食事はロクなものではないのに、動ける男性は使役に引き出されました。兄にも声が掛かり出かけた日に、咸興の朝日湯で二階の隣の部屋にいたＭ子ちゃんを連れて帰ってきました。歩いていると「岩元のお兄ちゃーん」と声がし、見たらＭ子ちゃんだったのです。咸興から貨車で南下するときに用足しに降りている間に列車が出てしまったのだそうです。目の見えない息子さんを抱えお母さんはどうしようもなかったのでしょう。ここで出会えてよかった。一緒に日本まで帰ろうということになり、わたしたちと同行することになりました。

お寺に一週間ほど滞在し、日本への船は群山（クンサン）から出るということになり、ソウルから今度も無蓋の貨車で群山に向かいました。群山の港もごった返していました。縦に切ったドラム缶に板を渡しただけのトイレがずらっと並び、男も女も多くの人の前で用を足す状態でした。やっと乗船の順番が来て船に近づいていきました。すると「M子ーっ」と叫ぶ声がします。見上げるとM子ちゃんのお母さんが船から身を乗り出すようにして手を振っていました。乗船して無事親子の対面でした。なんと途中で一人になっている女の子がいたのでM子の代わりだと思い連れていると言って、M子ちゃんよりちょっと小さい女の子を連れていました。二人のお兄さんも無事でした。

私たちが乗った船は米軍のLSTという、船の前方が扉のように開いて戦車やトラックを積み降ろしする上陸戦用の軍艦でした。船底は鉄板でじくじくした上にゴザやむしろが敷いてあり、座ったり寝たりするには気持ちが悪いので、夜になると私は甲板に上がって行きました。空は曇っていましたが海面は薄明るく静かでした。船尾の方で人声がして何かを海に落とした音がしました。私は誰かが死んだのだと直感しました。明日は日本に着くというここまで来たのにと思い気持ちが沈みました。船底に下りてうつらうつらしていました。周りのざわつきで目が覚めると人々が甲板に上がっていきます。甲板はだいぶ明るくて大勢の人が遠くを見つめています。明るさが増してきて遠くに陸地が見えてきました。「日本だ」「九州だ」と言いながら指をさす人もいました。なぜかその時、父とお祖母ちゃんを置いてきたあの丘を思い出していました。

船が着いたのは博多港でしたが、ここでも伝染病の検疫で上陸が一週間ほど待たされました。茶碗に一杯の雑穀混じりのお粥ばかりでした。私は腹の周りに湿疹ができ母が帯状疱疹だといいました。痛さやかゆいのに悩みながら上陸を待ちました。

やっと上陸し日本の土を踏んだときの感情がどうだったのか記憶がありません。コンクリート上に腰を下ろし行き先別に分けられたりするのを待っていると、一人の男性が「この女の子を知っている人はいませんか」と大きな声で叫んでいました。見ると先日M子ちゃんのお母さんが連れていた女の子でした。私たちは母も兄も気付きましたが、黙っていました。

博多の埠頭から歩いて、今度は貨車でなく客車に乗りましたがすぐ超満員になりました。肥薩線の矢岳峠を煙にむせながら嘉例川の駅に着いたのは六月十二日でした。平時なら当時三日二夜でいく旅程を二十九日もかかっていたのです。弟も母に負ぶされて旅を終えました。五人になってはいましたが、よく生きて帰国できたものだと考えます。その後、当時の北朝鮮の状況を知れば知るほど、そのことを改めて強く感じています。

十三、母の手記

古いノートに書かれた母の手記です。「昭和六十年五月十四日」の日付があります。

一九四六年、敗戦の翌年の五月、現在の北朝鮮第二の都市、咸興（ハムフン）府を発ち、貨車や徒歩で南下し、北緯三十八度線を越え、博多港に着くまでの苦難の足跡を綴ったものです。表題にある通り「思い出すまま」に書いてあり、誇張も飾りもないだけに事実が伝わってきます。（古い仮名遣いは、今の仮名遣いに変えてあります）

「思い出すまま」

母　三十九、　久臣　十八、　昭雄　十四、　孝子　七、　六郎　五、

今年も又、五月十四日がめぐって来ました。三十九年目の五月十四日です。

母と子が、リュック一つ持って、永い朝鮮生活に別れを告げた日です。

駅（咸興駅）の広場で、四、五年経ったら又この地を訪れることだろうと、軽い考えを持って主人、母います萬龍の山（咸興府の街の北西にある山で「バンリュウザン」と呼んでいた）に別れを告げてギュウギュウ詰めの列車にて発った。何とも苦しいものでした。三年前には機関区長として働いていた高原をこんな姿で通るなど、神様はお分かりだったでしょうか。

南北の境の手前だったと思われる所で下ろされ、歩くことの始まり。病み上がりの六郎を背負うて三防峡と言うスキー場の宿舎に着く。六郎の病状悪い。毎日心細い財布で日に二回、鮮人（朝鮮の人をこう呼んでいた）の医者に注射に行く。

一週間滞在。残り少ない人達（羽月村の尾方さんと言う人達）と運を天にまかして南へと歩き出す。六郎の病気を案じながら。

行く先々鮮人が待ち伏せして、荷物を調べる。少しの中から色々と物色して持って行く。なすがまま。泣き寝入り残念でたまらない。

ある日は野宿。五月中旬の夜は寒い。ある丈の衣類を出して外の人達にも着せてあげる。又、鮮人

の作小屋に泊めてもらう。夜小屋の廻りを鮮人が取り巻いて恐ろしくて眠られもしない。ある日は、日本円と朝鮮紙幣と交換しないとここは通さぬと、沢山の日本紙幣を持って来てとうていそんなお金のある人はいないので、少しずつ出し合って通して貰った。

久臣が鮮人に呼び出されて永く帰らぬ時は心配で心配でならなかった。一人を頼りにここまで来たのに。立ったり座ったり。

ある日は、ソ連軍の通る道だということで半日も身動きできず、八キロ位しか歩くことが出来なかった。大半が女子供連れのグループで、歩けない人はどんどんおくれてどんなにされただろうかと心配にはなったものの、自分だけで精一杯。どうすることも出来ない。

火をたいた跡をたよりに歩く。川べりでジャガ芋をたいてうえをしのぐ。六郎だけはなんとか物々交換で米を手に入れて食べさした。

三十八度線も、トウトウ川（「東豆川」は北緯三十八度線を流れる臨津江（イムジンガン）の支流）を上下二度渡る。べらぼうなお金を取られ、いよいよ財布はとぼしくなる。

毎日毎日おんぶして歩く背の六郎が気になるばかり。何時どんな所で別れることになるかと思いながら歩く足の重さ。ある所では、死んだ子供を離し切らず連れて鮮人の家に入ったら、怒って若い者達が娘を連れて行ってしまった。何とか助けてくれと老夫婦が救をもとめてみえましたけど、人のことまでは自分達も一足でも早く南へ急がねばならぬ一行だったのです。

或日は引き揚げる直前におとなりの室におられた咸興警察署長の奥様とひょっこりめぐり合ってお互い無事を喜んだものの、お話によりますれば十一になるM子を汽車の止まっているときに小用に行って帰って来ないうちに汽車が出てしまった。どうか見つかったら頼むと、別れました。奥様の御心配の姿が目に浮かぶ。

やっと三十八度線を越えたらしい。皆々安心した様子。いよいよアメリカ軍の消毒が始まる。所かまわず身体は真白。行く先々くり返しくり返し。

無ガイ車に乗ってやっとソウル（京城）のお寺につく。お骨つぼが食器から洗面器・洗濯するのになる。くる日もくる日も大豆かすのヤニの長く引くパンを食べさして貰った。

孝子と六郎に京城にでたら生菓子を買う約束でしたので止むをえません。とてもよろこんで食べました。久し振りに美味しかったのでしょう。

釜山へ出発と玄関まで出たのにコレラが出たとかで又一週間滞在。

久臣は毎日休みなしで使役につかわれて出て行く。ある日のこと、お兄ちゃん、お兄ちゃんと呼ぶ声がする。見ると咸興での署長の娘M子さん。連れて行ってくれと頼むので一緒に行こうとしたら、この子は私などが拾って来たのだから渡さないと言われるので、日本人会に相談したら、知っているのだったら良いとのことで連れて来たとのことでした。

何日か過ぎていよいよ日本に帰れる日が来ました。皆々大よろこび。やっと汽車に乗る。又々ギュウギュウ詰めの無ガイ車。ヒザを上げたらもう下ろされない。用便も桶を廻して布をかぶせてすます始末。何時間過ぎたのか目的の群山につく。この海の続きは内地につながると思えば、よーここまでたどりついたと思われる。でも、あの山に置いて来たと思うと心が重い。

いよいよ自分達の乗る船（米軍の上陸シュウテイ）が目の前に来る。見るとその船の甲板にM子さんのお母様がのっていらっしゃる。やっとお渡しすることが出来て安心のうれしさで一パイでした。奥様のお話によりますと、奥様も山の中で一人の女の子を拾うて来たとのことでした。M子も誰かに拾うて貰っているのではと思ったと話しておられました。

有難うの言葉を残して別れたM子ちゃんも、成人してよき奥様になっておられると思っております。

コレラの検査がすむまで博多港に六日も滞在。ジメジメの船室の六日間、昭雄に大きな「タイ」が出来ていたむ。上陸するとすぐ留学生（博多港の埠頭で引揚者の世話をする学生の中にいた医学生のこと）の人達に養生して頂く。此のお兄さん達も外地の御両親を待ちわびながら、引揚者のお世話をして下さるのでした。一日も早く御父母様にお会い出来ますように祈らずにはいられない気持ちで一パイでした。

上陸直後麦飯にキャベツ、イリコの入ったおにぎりを貰ったときは皆どんな顔して食べたでしょうか。美味しかったことは覚えています。

お兄さん（学生のこと）が六郎をおんぶして駅まで送ってくださる。一日も早くお父母様に会える日を祈りつつ別れる。いよいよ郷里に帰りつくのだ。あんなに帰りたがっていた二人を置いてとすまない気持ちで一パイ。目に入る物いよいよ二人と結びついて苦しい。この先どんな運命が待っているやら神様ならぬ身では分からぬこと。

第二章　父のふる里　溝辺での戦後体験

一、敗戦後の内地

博多を出た列車は、肥薩線の矢岳峠のトンネルをくぐり鹿児島県に入りました。乗客は少し減りましたがそれでも立った人も多く、閉まらない窓やデッキからは煙が容赦《ようしゃ》なく吹き込みました。降り立った嘉例川駅から父親の生まれ育った実家は一里ほどある溝辺村の水尻集落で、歩いて辿《たど》り着きました。煤《すす》で黒くなった顔、汚れた衣服、母は後で「まるで乞食《こじき》の親子」だったと話しました。辿り着いた家には海南島から引き揚げてきた父の兄弟たち四家族がいて、私たちで五家族になりました。戦前、種馬を飼っていた大きな馬屋がありそれを改造して私たちともう一家族はそこに入りました。

純農村でしたが、戦時中からの食糧難は、敗戦の年の枕崎台風などの災害もあり、極端な状況になっていました。博多の埠頭で配られた乾パンを、いとこたちが喜んで食べる、特に乾パンに混ざっていたわずかな金平糖《こんぺいとう》を奪うように食べる様子に驚きました。

無事帰国したことは喜ばれましたが、衣食住では厄介者の帰国でもあったのです。近所でも「あんしは外地でよか暮らしじゃったたっで、ちっとどま難儀してよかと……（あの人たちは外地でいい暮らしをしていたのだから、少々難儀していいのだ）などとささやかれていたのです。その頃、植民地だった朝鮮や台湾を外地（ガイチ）といい、日本本土を内地（ナイチ）と呼んでいたのです。

連日さつま芋（鹿児島では「唐芋」＝カライモという）とカボチャを食べました。米や麦といった穀類はしっかり実るまで収穫できませんが、芋やカボチャは未熟でも掘ったり採ったりして飢えをしのげたのです。小麦を粉に挽《ひ》いた後の麸《ふすま》で作った団子、カボチャの葉の茎、さつま芋（唐芋）の苗を採った後の種《たね》芋《いも》、鹿児島弁で「床唐芋（トコガライモ）」と言いましたが、そんなものまで食べました。

六月は唐芋の苗を植える時期で、親戚を回って集めた苗を畠に畝《うね》を作り植えました。今までしたこともない仕事でした。太腿《ふともも》まで泥に浸かるような田んぼで田植えもしました。八月に入るころには、収穫前の大豆の畝の間に粟の種を蒔《ま》きました。粟は小粒で少し蒔いたようでもいっぱい芽を出します。五、六センチほどに伸びた粟の苗を間引きしなければなりません。炎天下の大豆畑で粟の間引きはさすがに辛いものでしたが、誰もが食べ物を作ることに必死でした。

帰国後間もなく溝辺小学校の六年生に入学しました。同じ学級の子たちより二歳年上の六年生です。教科によっては戦時中の教科書に黒く墨を塗ったものや、ザラ半紙を折りたたんでナイフで切り、ページを合わせただけの薄っぺらな教科書もありました。弁当を持って行った記憶がほとんどありません。食糧難で弁当を持って来られない子どもが多く午前授業が多かったのではないかと思います。男の先生たちの何人かは、秋になると陸軍の軍服に軍靴でした。服装もまちまちで、冬になると女の子は綿入れの羽織を着て来る子もいました。

一軒の家に五家族、食事は別でもトイレと風呂は一緒です。特に風呂は一つの長州風呂（一般に「五右衛門風呂」と呼ぶ人が多い）に二十人余りが入るので、途中で水を足したり薪を燃したりしなければなりません。燃料は学校帰りの途中、スギ林を伐採した後に残っている杉の枝の長いのを引っ張って帰り、それを使ったりしました。水も水道はありません。集落に一カ所、山の湧き水を引いてきて溜めてある大きな水槽（「井がわ」と呼んでいた）があり、そこから桶に汲んで運ぶのです。風呂まで百メートルほどの距離を、見よう見真似で天秤棒の両方に水の入った桶を下げて運んでみましたが、普通の半分ほどの水を入れて運ぶのがやっとでした。

風呂はまず男が入り、子どもたちが済んでから女でした。何度か水を足して沸かさないと母たちが入るころには湯が濁って気持ちが悪いので、暗くなって「井がわ」から水を運んで注ぎ足しては沸かしました。

私が一番嫌だったのは裸足で登校することでした。ちょうど梅雨の時期で、今のように舗装道路ではなく泥道に牛の糞が落ちていたりするとぞーッと鳥肌が立つので、石を踏む痛さよりそちらがたまらなく嫌でした。

二、国有林の開拓地へ

限られた畑で色々栽培しましたが、それで食糧事情が解決する見通しはありませんでした。その状態を切り抜けるために、叔父、叔母たちと三家族で国有林の開拓地に行くことになりました。溝辺町と始良市の境にある長屋山の麓の木場、地元では「こばんやま」と呼んでいましたが、そこの国有林に入植しました。電気も水道もない山の中です。兄は地元の人の指導で炭窯を作り、母と国有林の樹木を切り倒し炭に焼き、その後を耕して芋や陸稲などを植えました。耕すといっても、伐採した樹木の小さい切り株を掘ったり、石を出したり、茅株を掘ったりして、すべて人の力で畑にするので大変な労働でした。谷川の水を汲んで炊飯や風呂に使いました。風呂は露天に石を積んでかまどを作りドラム缶をすえました。

家は山から切ってきた丸太を柱にした、文字通りの「掘っ立て小屋」で、壁は茅で作りました。茅は普通屋根を葺《ふ》くのに使うススキです。それを隙間《すきま》のないように重ねて並べ細い竹で挟んで壁にしたのです。床は孟宗竹を割って敷き詰めてその上に藁と筵《むしろ》を敷きました。雨露はなんとか防げましたが風通しが良くて、冬雪が降ると朝布団の上に雪がうっすらと積んでいました。

この開拓地は麓の集落から大分離れていて、自動車が入って来ることもなく、静かな晩に時々、遠くを走る自動車のエンジンの音や警笛が聞こえました。時折、寝入っていてその音が耳に届くと、あの朝鮮で聞いたソ連兵がやって来たときの音と重なり、恐ろしさと緊張で目が覚め、気が付くと息遣いも荒く鼓動も速くなっていることがありました。

この現象は大学に入り鹿児島に住むようになってからも稀に体験しました。

入植して（「入植」とは開拓地に入ること）二年目から山羊と豚を飼いました。豚の飼育はうまくいきませんでしたが、山羊は我が家の大事な生き物になりました。エサはほとんど雑草でしたし、糞は肥料になりました。何よりも乳が出たのが役に立ったのです。子ヤギを生んだ後、多い時期は一匹の母山羊から一日に一升近くも搾《しぼ》れるのです。栄養が不足がちだった食生活、なかでも育ち盛りの子どもには欠かせない栄養源になりました。母におんぶされて帰国した弟は山羊の乳で健康を取り戻していったと言ってもいいと思います。

同じ飼うなら乳量の多い山羊がいい。ザーネン種は搾乳用ですが、国分重久の遠縁の家に血統の良い種山羊がいるというので、雌の山羊を曳《ひ》いて溝辺の山奥から今の鹿児島空港がある十三塚原を歩いて行き、日当山の伯母の家に二泊して国分重久まで種子付けに行ったこともあります。三日掛かりで溝辺と日当山の間を山羊と一緒に往復しました。生まれた山羊は搾乳量が増えたのでしょう、その後も山羊は我が家になくてはならない家畜となりましました。

三、溝辺での中学時代　戦後教育の出発点で

一九四七（昭和二十二）年、それまで義務教育は小学校六年までだったのが、中学三年までが義務制になる、いわゆる六・三・三制の新しい学校制度が発足しました。

五月一日、私は溝辺村立竹子《たかぜ》中学校に入学しました。朝鮮で小学時代に一年休学し、引き揚げで一年遅れたので二年遅れの中学生でした。全国で新しい中学校設立の準備が遅れたので、開校記念日が五月一日の中学校が沢山あります。

この年は、三月に教育基本法と学校教育法が、五月三日には日本国憲法が施行された年です。

竹子中の校舎は小学校と同居でした、というより間借りでした。その校舎の一番端の三教室が中学校

で、壁が取り外せるようになっていて、行事のあるときは大きな広間になりました。講堂の代わりです。その一番端は一段高く、広い教壇になっていて、その正面の壁は人が三、四人立って並べるほどの大きな神棚のようになっていました。紀元節や天長節などの祭日には天皇と皇后の写真（御真影と呼んだ）を飾る場所だったのです。そこに掃除道具などが置かれていました。

学校までの道は約四キロあり、それも谷川の橋のない場所は飛び石伝いだったり、山田の畦道《あぜみち》を近道したりして通いました。帰ると兄や母の手伝いが当然でした。電灯がないので夜は、枯れて長く土に埋もれていた松の根を針金で結んでぶら下げて燃やし、明かりにしました。しばらくして農協だったと思いますが、一升瓶をさげて石油を買いに行くようになり、明かりが石油ランプになりました。ランプの下でものを読むと目によくないといわれて、夜家で勉強をした記憶はありません。この時期に読書の楽しみを体験できなかったことは、今でもちょっぴり惜しい気がします。

最も記憶に残っている授業は、宮永という先生の『新しい憲法のはなし』の授業です。現在『新しい憲法のはなし』は文部省発行になっていますが、私たちが手にしたのは確か「憲法普及会―会長・芦田均」発行の冊子で、それが教科書でした。

その小さな薄いパンフレットを何時間も読んで話をした宮永先生を思い出します。天皇を説明するのに「今まで神様だった人が、帽子の記章になったんだよ」と、やや歯切れのよくない話でしたが、戦車や飛行機が壺に放り込まれて電車や船になって出てくる挿絵の「戦争放棄」の話は、戦争がなかったら小学校に間借りをせずに、いい校舎や運動場など何でもできたのだと力が入りました。ほかにどんな教科書を使ったのかはっきりした記憶がありません。理科の若い女性の先生が、菊は日照時間を短くすれば早く花が咲くといって、夏休みから鉢植えの菊を日の当たらない場所に移したり、国語の教師からは「小諸なる古城のほとり」と「千曲川旅情の歌」を通しで繰り返し読まされたりした記憶があります。

二年生の田植えの時期に、学校の実習田の田植えの準備で、野坂という遠い集落から通学してくる高橋君という生徒が、大きな牛を「ヒダ」「コー」と声を掛けながら、平気で使いこなし、田んぼを鋤《す》き返したりするのを見ました。大柄でやや乱暴な感じの生徒でしたが、その姿にとても驚き尊敬する気持ちになりました。

四、開拓地での生活体験

入植した開拓地での中学時代には、学校以外でも多くの体験を積みました。兄が地元の人の援助で炭焼き窯を作る作業をつぶさに見ることができました。炭窯は奥行き五～六メートル、幅四～五メートルの楕円形に石を人の肩の高さほどに積み、石と石の隙間に粘土を詰め込んで塗りあげた壁（土囲＝ドイ）と、窯の蓋になるドームでできています。楕円形の壁の一方は人が原木を運び込んだり、焼けた炭を出したりする出入り口兼焚き口で、その反対側が煙の出口の煙突になります。原木が燃えて炭になるときに石や粘土の隙間から空気が入ると炭が燃え尽きて灰になってしまうので、空気を完全に遮断しなければなりません。壁の石の間に詰めたり塗ったりする粘土は、水と混ぜて足で踏みながら小さい石まで拾い出してきめ細かく練り上げます。壁が乾くと楕円の空間に原木を立ててぎっしりと詰め込み、その上に太い枝や細い枝をいろんな長さに切って丸いドーム形に、これもびっしりと並べて積み上げ、その上に壁の粘土以上に練った粘土をバレーボールほどの饅頭にして並べ、それを大きなハンマーのような槌でたたいて均一の厚さのドームにしていくのです。叩くうちに粘土から水分が出てきます。それが半乾《はんかわ》きになるのを待ってまた叩く。それを何度か繰り返してあのまあるいドーム状の炭窯ができていくのです。

そして最初の火入れです。焚き口から約一週間火を燃やし続けます。煙筒から出ていた白い蒸気に煙が混じると中の原木に火が付いた知らせだそうです。数日してその煙が濃くなって、やがて薄くなり紫色から透明に近くなると中の原木が炭化して炭が焼きあがっているのです。そこで焚き口も煙突も密閉して空気を完全に遮断して冷えるのを待つのです。

最初の窯開けは兄にとって初めての体験でした。焚き口の壁を崩して中を見ると、なんとぎっしり詰めた原木が三分の一もないほどの炭になっていました。それは炭化する普通の現象だったのですが、その時の兄の気持ちがどんなだったのか、もっとしっかり聞いておくべきでした。

焼きあがった炭を詰める炭俵《すみだわら》つくりが夜の仕事でした。まず俵に適した茅を切ってきて無駄な葉を落として準備します。俵を編むのに必要な細い縄をなう仕事もあります。家で栽培する稲は陸稲なので縄には不向きです。下の集落で分けて貰った水稲の藁《わら》をたたいて縄をなう準備をし、ランプの光の下で縄をないました。縄を巻きつけるコマを削ったり、茅と縄で俵を編んでいく台木を作ったり、準備することが色々ありました。

冬、国有林の茂みの中では切り株や倒木の朽ちた木にシイタケやきくらげなどが付きます。雪が降った後はそれを探しに行くのですが、遅れると人が採った後です。自分が見つけた場所を人に知られない工夫も必要なことでした。

知り合いになった下の集落の人が狩り犬を使って掛けた罠《わな》にウサギを追い込む方法も知りました。その人たちは広い国有林の中で、ウサギが下草を噛み切った跡などを見つけてウサギの通り道を判断し罠を掛け、犬を放すのです。この人たちと接していると、山の自然と溶け合って色々な恵みを引き出している知恵の深さを感じました。

二年生の途中で竹子中は溝辺中に合併になりました。校舎は戦時中に青年学校に使われていた建物でした。通学距離は遠くなりましたが、友だちとの人間関係は広くなり学校生活の楽しさは増しました。左足骨折の後の骨髄炎は完治せず、少しずつ膿が出続けていて遠距離通学はやや大変でした。

学校は夏と冬の休みのほかに、田植え、芋とり、稲刈りなどの時期は農繁休暇になりました。牛の競《せ》り市や専売公社が煙草の買い付けに中学校を使うときも、学校が休みになったり半ドンになったりしました。「唐芋採り」の休みの後、「芋のやに」が黒く手に残っている友だちが何人もいました。

小さな溝辺村でも田植えや稲刈りの時期には場所によってずれがあります。先生たちがどの地域はいつ頃から稲刈りかと生徒に聞きながら「農繁休暇」の期間を探っている様子が伝わりました。今思うと授業時数の確保より中学生の労働力を生かす方が地域の切実な要求だったのでしょう。

三年生の途中で学校にピアノが来ました。オルガンの授業で男子が騒ぐと、男性の音楽教師が「男子は外に行ってドッジボールでもせー」と言っていたのに、若い女性の音楽の先生がピアノを弾く授業では静かになりました。溝辺はその頃も茶畑というより、畑の周囲に丹念にお茶が植えてあり、農業の時間などには金に換えるために茶の実拾いをしました。茶の実を売って買った本だといって二度ほど書籍が届いたことがあります。その中に、イリンの「人間の歴史」やユゴーの「レ・ミゼラブル」などあり、遅まきながら本を読み始めました。

地域社会も生徒や教師の家庭もまだまだ豊かではなかった時代、中学を卒業して高校に進学する生徒は三〇％以下だったと思います。学校は明るくのびのびしていました。テストの結果や成績はあまり気にしませんでした。それより、学校には牛と豚がいて、その当番が回ってくるのです。エサの準備や畜舎の掃除の手際の良い友と一緒になるかどうかが大事なことでした。

我が家は私が中学三年を卒業しても高校に行ける状態ではありませんでした。なんとか高校卒の資格は得たいと思い、鶴丸高校の通信教育を受講し、二、三度体育実技の授業で鹿児島に行きましたが、四年も続けるのは不可能でした。私は今でいえばアルバイトで村役場の道路測量などの手伝いをしたり、家で農業をしたりしましたが、やはり高校に行くことにしました。一九五一（昭和二十六）年四月、加治木高校に入学しました。同級生とは三歳の年の差がありました。

私の北朝鮮での戦争時代から、日本への引き揚げ、そして戦後へと続いた時期が、この時に一つの区切りを迎えたと感じています。日本がアジア侵略を広げる流れの中で、我が家の北朝鮮、咸興府での営みは始まり、敗戦で多くを失いました。それは家族にとってこの上なく過酷なことでした。しかしこの時代、日本国民の多くが、広島・長崎をはじめ、全国を襲った空襲、アジア各地に広がった戦場で、筆舌に尽くせない悲惨で過酷な体験を強いられました。

戦後はゼロからの出発というより、マイナスからの歩みと考えます。ただそのマイナスの中にそれまでの日本の歴史の中にはなかったものが息づいていたのです。戦争を拒否し、国境と民族の壁を越える平和と友好を希求する願いと行動が生まれたのです。はっきりとは意識していませんでしたが、憲法ができて、九条を空気のように呼吸し、教育基本法が日々の学校生活の中に根を下ろしはじめた時期だったのだと、今思います。

身の周りは大きく変貌しました。家族が半分になり、生きるために生活は何度も変わりました。北朝鮮での敗戦から高校入学までの五年余りは、私にとって激動の連続であり、何ものにも代え難い時期となりました。

短いけれど、その時代というか、歴史がもたらすものに自分なりに向き合ってきたと感じながら過ごした時期ですが、何に向き合い何が残ったかといえばこれといったものははっきりしません。その間も、やはり心の奥で消えずにうずくまっていたのが、父と祖母を置いてきた咸興（ハムフン）の丘にもう一度行きたいという思いでした。

第三章　宿願の訪朝墓参

一、三十八度線まで一度は行ったのです

北朝鮮、咸興府への墓参を最も強く願っていた母は、その願いを果たすことなく二〇〇七年八月五日に亡くなりました。享年百一歳でした。父の命の倍以上生きたその人生は、明治、大正、昭和、平成という日本の歴史で最も激動した時代、個々の国民の運命と生活が最も過酷に翻弄《ほんろう》された時代と重なっています。

母が亡くなって、私と妹、弟の三人は、北朝鮮へ行けたとしても、咸興のあの父とお祖母ちゃんを埋めた丘に行くことは不可能だろうと考え、元気なうちに、せめて三十八度線を越えた場所までは行ってみようということになりました。

二〇一〇年五月十六日から十九日まで、家族も含めて六人で韓国へ旅をしました。前もって旅の目的とぜひ行きたい場所を伝えたうえでマイクロとガイドを予約しました。ソウルから臨津江（イムジンガン）

を遡り、支流の東豆川の河畔に着くまでに二時間余りかかりました。東豆川は予想より大きな川でした。五十四年前、この川が北緯三十八度線と交わる個所で北朝鮮から脱出したといっても地図では見つけにくく、ここだという場所にはなかなか行き着けません。それでも運転手とガイドは根気強く探してくれました。そして私と妹のかすかな記憶ととても合う個所が見つかりました。小高い繁みから東豆川の河原に出て川舟に乗って南へ越したことを思い出しながら、二人は確かこんなところだったと互いの記憶を確かめ合いました。

季節もちょうど五月の中旬、五十四年前のあの日と同じように。朝鮮の空は晴れて、浅緑の柔らかい岸辺を包むように川は流れていました。美しく、同時に懐かしい感じのする風景でした。母の背中で川を越えた弟が盛んにシャッターを切り、みんなで記念の写真も撮りました。そうしながらも私の心をよぎるのは、母をせめてここまででも連れてきたらよかった、それはできたことだったのにという思いでした。

韓国と北朝鮮の境は朝鮮戦争までは地図上に機械的に引かれた北緯三十八度線でしたが、停戦後はずっと北にずれて、私たちが川を越したのはここだと思った辺りは、東豆川の対岸も含めて今は韓国の領域になっていました。

しかし、途中の道では、軍のジープやトラックが頻繁《ひんぱん》に行き交い、両手で自動小銃を構え、全員が顔を黒く塗った完全装備の兵士の集団にも会いました。道路からは見え隠れするトーチカがいくつも目に入りました。臨津江の河畔は延々と鉄条網が続き、五、六百メートル毎に小さな監視所があり、ガイドは何も言いませんでしたが南北の緊張が直に伝わってきました。私はやはり北に行くことは難しいだろうと感じていました。

国道脇のトーチカ

次の日はソウル市内を案内してもらいました。食べ物はどれも美味しかったのですが、中でも本場のマッコリの味は忘れられません。ソウルの西大門刑務所（記念館）にも行きました。日本の植民地支配に抵抗し朝鮮独立を願って闘った人たちを収監した刑務所の遺跡です。当時の拷問や処刑の事実がどんなものだったのかを実物大の人形を使ったり、様々な資料を展示したりして伝えていました。前述の『朝鮮終戦記』の著者、磯谷孝次氏もここに収監されたことがあると記されていますから、朝鮮人だけでなく朝鮮支配や戦争に反対した日本人も入れられたのです。ガイドの女性が、長く日本の人をガイドしているがここを見たいと言われたのは初めてだと言いました。

一九〇九（明治四十二）年に、朝鮮侵略の中心的推進者だった伊藤博文をハルピン駅頭で射殺し処刑された安重根（アンジュングン）の「安重根義士崇慕館」は改装中で見ることはできませんでした。多くの観光客が訪れる景福宮では、最も奥まった位置にある、王妃閔（ビン）氏が日本の刺客によって殺害された乾清宮（コンチョング）まで行きましたが特別な紹介などはありません。そこを抜けて景福宮の裏に出ると広い通りを隔てた先が大統領府「青瓦台（チョンワデ）」でした。日本と朝鮮（韓国・北朝鮮）の歴史的な関係をたどるには欠かせない場所が人待ち顔に連なっていると感じながら、戦後第一回の朝鮮の旅を終えました。

二、宿願の訪朝墓参の旅へ

「あの場所に行きたい、行くべきだ」という思いを胸の奥に納めて、戦後七〇余年を過ごしてきました。二〇〇七年に亡くなった母の胸の底には、その何層倍にもなる、最愛の夫と、実の母親の墳墓へよせる言葉では言い尽くせない思いが燃え続けていたことでしょう。生前、「這《は》ってでも行きたい」と言っていた思いの一片でもあの地で灯したい。母が逝き、時が経ち、私も歳を重ねるにつれてこの思いは次第に大きくなってきました。

北朝鮮への墓参訪問が可能ではないかという情報が、二〇一〇年、マスコミに流れました。訪朝した人とも連絡を取ったり、県内の朝鮮総連の人とも会ったり、様々な情報が錯綜するなか、可能な範囲で判断材料を集めました。そして「朝鮮北部地域に残された日本人遺骨の収容と墓参を求める遺族の連絡会（通称＝北遺族連絡会）」という民間団体に参加しました。

二〇一三年に一度訪朝がほぼ決まり渡航手続きなど準備を整えましたが、直前に入国日の変更等があり断念しました。そしてやっと実現したのが二〇一四年の旅だったのです。

しかし、出発間際になっても、希望する場所、咸興府の街や父と祖母を埋めたあの丘にはたして行けるのかどうかはっきりしません。北遺族連絡会を通じて咸興府の市街地や父と祖母を埋めた場所などを、資料と記憶を基にできるだけ詳しく地図にして提出し、私なりの準備はしました。

日が迫るなかで、咸興には行くがそれ以上の細かいことは、行ってみなければわからない、自分の年齢や体力、いつまでも行ける訳ではない、状況が好転する見通しなども考え、家族と相談し、妹と二人で行くことに決めました。

持って行く物は三つ。前年溝辺の製材所で土地の杉材を削ってもらって作った墓標。唐芋餅（土地では「カライモンモッ」という）は、敗戦後収容所を転々とするなかで、一室に三家族詰め込まれたことがあり、その中に鹿児島の人がいてそこの主人と父が「死ぬのなら『カライモンモッ』を食ってからにしたい」と冗談交じりに話したことが忘れられなかったから。それにやはり祖母が好きだった芋焼酎です。

実現した旅は、二〇一四年六月二十四日から七月六日まで、北朝鮮に滞在したのは六月二十六日から七月五日までの九泊十日、宿願の訪朝墓参となりました。

実際は、あの丘のあそこに墓があるはずだと思われる場所は見えてもそこまでは行けず、五、六百メートル離れたところからの墓参でした。かつては陸軍の練兵場周辺だった地域で、現在も軍に関係する場所なのだろうと思いました。持っていった墓標は丘の見える場所に一度は立てて供養をしましたが、持って帰ってきました。それでも私たち二人は、わずかに脳裏に残っている丘の形、近くの火葬場の煙突などを目に焼き付けながら、なんとかここまで来られたではないかという気持ちで納得しました。

1　出発・北京経由で朝鮮へ

私たちの訪朝を知った人々から旅や身の安全などを心配する気遣いや、なかには、「歳も考えて無理な旅は止したら」などと好意的な忠告もありました。

父と祖母を埋めた場所は、私なりには確かに記憶しているつもりですが、五十四年の歳月を経て、その頃の形で残っているとは考え難いし、そこまで行けるかどうかも分からない。万が一たどり着けて無数にある穴の一つを掘れたとしても、誰とも知れない骨が出てくるだけだ。遺骨の収集などできない。それでも行くのか。可能な限り二人が土に返った場所の近くまで行き、「やっと来ましたよ」とあの丘の土に語りかけたい。様々な思いに揺れながら、やはり「行きたい」という思いは消えなかったのです。そんなことの繰り返しの中で、心をよぎる詩があります。井上靖の「落日」という詩です。

匈奴は平原に何百尺かの殆ど信じられぬくらいの深い穴を穿ち、死者をそこに葬り、一匹の駱駝を殉死せしめて、その血をその墓の上に注ぐ風習があった。雑草は忽ちにしてそこを覆い、その墓所の所在を分からなくするが、翌年遺族たちは駱駝を連れて平原をさまよい、駱駝が己が同族の血を嗅ぎ当てて咆哮するところに祭壇を造って死者に供養したという。

私はこの話が好きだ。この話の故に匈奴という古代の遊牧民族を信用できる気になる。(以下略)

「井上靖全詩集」(新潮文庫)より

死後の魂と語るはっきりした感情を私は持ちませんが、この匈奴の行為には共感します。広い草原を草と交易の相手を求めて移動する匈奴にとって、亡き人を埋めた場所こそが供養の場所なのだ。その場所に立つことが亡き人と結ばれることなのだ。私には駱駝はいないが、記憶の駱駝を連れてあの地にもう一度立ちたいという思いが、私を旅に駆り立てるのでしょう。

いよいよ出発の日が近くなったある晩、NHKが対馬丸のことを放送しました。何人かの方々に次のような出発の挨拶をメールで送りました。

「北朝鮮行き、今度は何とか行けそうです。二十五日羽田発、北京経由で翌日平壌入り、七月五日帰国です。鹿児島出発は二十四日です。なぜ行くのか？　単純には言い表せませんが、人生の宿題を一つ済まそうと思います。

母が残したメモの中に、次のような歌があります。

父の墓　松の下なる石のもと　子供と語り別れ惜しみぬ
引き揚げの別れを告ぬと来て見れば　若草生えて水もぬるみぬ
又来る日を祈りて帰る　母と子が　後振りかえり　名残り惜しみて
母の墓　十二のなかの四列目　一番下とたしかめ拝む

昨日から、NHKが対馬丸のことを放送しています。戦後はまだ終わっていないし、終わらせてもならないと思いますので、安倍の暴走に対する怒りも携えて行きます」

これに返信がありました。その中のいくつかです。

「お気をつけていってらっしゃいませ。NHK対馬丸の番組、私も観ました。本当に『戦後は終わっていない』のですね。戦中を直接経験された方々の胸の内にしまいこまれた思い……。改めて、亡くなった母の、引き上げ中に三人の幼子を亡くした無念の思いを思い起こしております」

「お墓の跡まで行かれることを祈っております。元気に行ってきてください。旅の安全を願っています」

「いよいよ、少年時代からの宿願を果たしに行かれるのですね。どうか体にはくれぐれもお気を付けください。無事なお帰りをお待ちしています」

六月二十四日、鹿児島を発つ日は自宅や空港で地元の記者からインタビューを受けました。羽田のホテルで同行の方と顔を合わせました。みなさん七十代らしく八十代は私一人。食事をご一緒しましたが話が先でした。愛知からの姉妹は、父親が応召でいないなかで敗戦を迎え、咸興で母親が病死、小学五年生の姉を頭に、四人は孤児となった。幸い孤児院のような施設に収容され、そこの人たちのお陰で生きて帰国できたなど、のっけから驚く話で、それぞれが生きてきた歴史の証人のような方たちでした。

植民地時代の朝鮮の話になり、朝鮮のインフラが進んだのは当時の日本のお陰だという話もあり、それと少し違う私の話に「それは自虐史観ですね」と批判が出ても、考えや思いのずれもさほど気にせず、気軽に話せる雰囲気にこの先が楽しくなりました。

六月二十五日、羽田空港国際線ターミナルで同行の人も北遺族連絡会の方も全員がそろいました。まず北京に飛ぶのです。搭乗前から数社の記者から取材が始まりました。家に電話をすると、昨日のNHKの取材が今朝放送され、早速電話が入り始めて留守も大変という話。

予定より三十分遅れて九時四十分離陸。十二時五十五分北京空港着。北京ヒルトンホテルまでマイクロバス。空はどんよりと曇った感じ。噂《うわさ》どおりの北京のスモッグです。時事通信中国総局の記者が「北京の空はいつもこうだ」と教えてくれました。ビザの交付を受けるのをロビーで待つ間、同行の記者の本格的な取材が始まりました。朝鮮ではどこにいたのか、家族は何人だったか、何人死んだかなど、順序は違うが似たような質問を繰り返しされると少々面倒くさくなりました。部屋から家に電話をすると羽田発の模様が全国放送で流れたそうです。

2　いよいよ北朝鮮（朝鮮民主主義人民共和国）入国

六月二十六日、十二時、ホテルのロビーに集合。いよいよ朝鮮へ。エアー・チャイナの20B席に座る。大阪の朝鮮高校の修学旅行生、数十人と一緒でした。三時発の予定が三時四十分離陸。空は曇っていたので何も見えないと思い眠ってしまいました。降りてから愛知のＩさんが鴨緑江を越えるときに水豊ダムらしいものを見ましたと言われるので惜しいことをしたと思いました。

機が高度を下げると朝鮮の田畑や人家が見え始め、上から見る田園風景は美しく豊かな感じでした。五時十分、平壌空港着陸。北京から一時間半のフライト。滑走路のすぐそばまで畑と低木がある低い丘が広がっています。建設中のターミナルビルの横に小さな現在のターミナルがあります。周囲には飛行機が複数、だいぶ離れた場所に大型のソ連製らしい飛行機が四、五機見えました。ターミナルの前に駐機して高校生や記者など他の乗客がみんな降りてから最後に私たち九人が機から降りると、タラップの下はカメラがずらっと並んでいました。

ターミナルビルは鹿児島の離島空港のそれとあまり変わらない規模で、うす暗いがらんとしたセメントのたたきの空間が一つ、そこで荷物の検査、入国審査でした。それが何ともゆっくりというか非能率で、私は簡単に通りましたが、妹は携帯電話などを細かくチェックされるなど、ちぐはぐで時間がかかり疲れました。全員の審査が済んで空港の建物の前に出たところで集団でのインタビュー、念願の北朝鮮の地を踏んだ感想など聞かれました。着陸後約二時間過ぎてやっと平壌市街へ、マイクロバスで約三十分、初めて見る北朝鮮の道路や街並みです。まずアパート群、それから凱旋門や様々な高層建築も。人影は少なくやや寂しい感じでしたが、夕暮れの街はきれいでした。

七時四十分、平壌高麗ホテルに到着。四十五階建て、客室五百のツインタワーのホテル。朝鮮滞在中、私と妹の平壌での宿泊は全てこのホテルの十階八号室でした。部屋は広さもあり使い勝手も良く、風呂の湯もたっぷり出ました。歯磨き、石鹸、シャンプー、タオル、パジャマも揃っています。

しばらく休んで、会議室で旅の日程などの説明があり、咸興には二泊する、私たちが提出していた資料に基づいて調査した範囲で墓に行けるようにするという説明でした。もしかするとあの丘に行けるかも知れないという期待が膨らみました。

3　空路で北朝鮮の北東地域・清津（チョンジン）・古茂山（コムサン）へ

二十七日、五時起床。六時半にホテルを出たが霧で飛べない（どうも目的地の着陸が難しい）ということで引き返す。朝食を取り、ロビーで出発を待つ間、愛知からのI・Yさん姉妹の話、幼い姉弟4人を残してお母さんが亡くなり、孤児になってからの長女のIさんの苦労や妹さんの記憶など、よく生きて帰れたものだという気持ちを強くしながら聴きました。

搭乗機が飛ぶというので空港へ。今度は私たちと報道関係者だけで、検査もなく搭乗機、ソ連製のツポレフTU—134に乗りました。十一時四十分離陸、三十分ほど飛ぶと下は海、朝鮮半島を横切って日本海に出たのでしょう。それから北上し、海から着陸態勢、着陸直前には学校らしい建物や住宅が並んでいる景色も見えました。十二時四十分、漁郎（オラン）空港に着陸。誘導路はなく着陸した滑走路をそのままUターンして、バスと四、五台の車が止まっている場所で止まりました。だいぶ離れた場所にミグらしい機影が七、八機見えた以外に空港施設らしい建物はなく、滑走路だけの全く簡素な飛行場でした。その時は何という飛行場なのかはっきりしませんでした。

エアーコウリョウ機

ここでも報道関係者が先に降りてカメラなどの準備ができたところで、私たちがタラップを降りました。墓参の土地に近づいて少し雰囲気も違ってきました。そのまま飛行機のそばのバスに乗り換えました。二本の立ち木に板を横に渡しただけのゲートを出るとアカシアの並木に黄色の花が咲いていました。幼い記憶にある朝鮮の花といえば、このアカシアとレンギョウとリンゴの花です。妹も「アカシアが咲いている」と嬉しそうでした。

バスは朝鮮の最も北の地域、羅南（ラナム）を経て清津（チョ

休憩所（フォリナーロッジ）

ンジン）を通り古茂山に向かいます。三時間余りかかるらしい。ほとんど舗装されていない白い乾いた路面はデコボコで車は大きく揺れます。集落が点在する田園地帯。水田とほとんどはトウモロコシが植えてある畑が広がります。少し大きな建物の壁や道路脇のあちこちには金日成（キムイルソン）・金正日（キムジョンイル）の大きな肖像画があり、そのそばに何かスローガンらしいものが書かれた看板や塔がありました。

羅南の町はアパートや三、四階の建物もあり、デコボコ道を車や自転車、人が行き交い街らしい動きがありました。

「Foreigners Lodging」という看板のかかった所で休憩。そこから清津までは峠を二つ越す山道、今まで以上に揺れました。山道を自転車の荷台に荷物を積んで押していく人を何人も見ました。トラックやバイクは見ません。軒の低い白壁の農家が十〜二十軒集まっていたり、その周辺は丘の中腹まで耕されトウモロコシであろう、植えられていたりします。山は樹が緑濃くこんもり茂ってはいないが禿山でもない。トウモロコシも低木も淡い緑で、記憶で描いてきた朝鮮らしい景色でした。

清津の市街地に入ると、アパートや高い建物が並び道路もかなり舗装されていましたが、清津駅を過ぎると急にまたデコボコ道。いよいよ古茂山へ、内陸への山道を覚悟しました。しかし広々とした谷は、田んぼも畑もよく耕され、山の斜面は頂上近くまでトウモロコシが植えてあります。道路の勾配は緩やかで谷を上る感じはありません。ただ川には堤防らしいものが見えない。川沿いの道路が堤防になっている感じで、道路から離れると、ほとんどどこまでが耕地でどこから川なのかはっきりしません。水かさが増したときにはどうなるのか、一九八〇年、九〇年代に二度の大水害に襲われた跡が回復されていないのではないかと思いながらこの風景を見ることでした。

道は時々鉄道を横切りました。踏切では速度を落とすだけで一旦停車をしない。それほど列車が通らないのかと思ったら、十両近くの客車を引いたジーゼル機関車がゆっくり走って来た。さすがにその時は踏切で停車しました。踏切の脇の小屋には遮断機を上げ下げする係が一人いました。朝鮮の鉄道はいわゆる広軌で日本の新幹線と同じ規格だと思います。しかもこの田舎で複線でした。日本の植民地時代から古茂山は小野田セメントの工場があり、当時はソ連国境とも近く、軍事的にも重要な地帯だったので、鉄道を重視した結果が残っているのだろうと思いました。

複線の鉄路

4　古茂山での慰霊

朝鮮半島の最も東北部は、朝鮮・中国東北部（満州）・ロシア（旧ソ連）の国境が交わる地域です。そこにある古茂山は、広々

集落の民家

とした盆地の縁を鉄道が走り、中央を通る道路に沿って集落が点在していました。道から離れてポプラに囲まれるように古い社宅風の平屋が並び、そこから離れて三、四階建ての古いアパート風の建物が幾棟か見えるだけで、町という感じはありません。二十軒ほどの集落のそばで車が止まりました。どの家も軒が低く、くすんだ白壁と屋根には瓦やトタンが雑然と載っていて、オンドルの煙突でしょう、丸い筒がにょきにょき立っています。冬は零下二十～三十度に下がる寒さをどうしのぐのか気になりました。狭い敷地を棒切れや板で囲った家が押し合うように建っています。その集落を徒歩で抜けるとトウモロコシ畑が鉄道線路の土手まで続き、その土手の斜面のあちこちに、土が小さく盛られていて、日本人の埋葬地だということでした。

その一つが少し掘り返されていました。そこで、お兄さんがこの古茂山で亡くなったという岐阜の恵那から来たWさんは、準備してきた卒塔婆と花束を供えて手を合わせ、しばらく片手で土に触れじっとしています。短い時間でしたが、七十年間抱き続けてきたWさんの思いが、線路を越えた先の石灰岩がむきだしになっている山肌や、かつては何百人もの日本人が暮らしたであろう住居跡などが広がる谷一帯に漂っていく感じがしました。しかしその静けさは取材の記者たちの

卒塔婆と花

質問ですぐに消されていきました。

　日本人の埋葬地は線路を越えてこの付近一帯に広がっていたのだそうです。案内をしてくれる北朝鮮外務省の日朝交流協会研究員の一人が線路を歩きながら少し話してくれましたが、相当な人の死亡が推測される話でした。一キロほど先に古茂山の駅が見え、その向こうにセメント工場の煙突の煙も見え、今も稼働している様子でした。

　戦後、日本の外務省と厚生省が発表した資料には、一九四五年八月～四六年春までに古茂山で死亡した日本人は五十六人となっています。しかし現在までに、四五年八月、ソ連が清津を砲撃し上陸してきた時期に、着の身着のままでこの古茂山一帯に逃れて敗戦を迎え、ここで冬を越せずに死亡した人、飢えや病気で四六年の五月ごろまでに亡くなった日本人は六百人を超えていることが明らかになっています。さらに敗戦後、シベリアなどに送られ病気などで働けなくなった人たちが逆送されて、ここで四六年以降三千三百人ほどが死亡したことがほぼはっきりしています。古いアパート風の建物などが収容所になったのでしょう。

　現にソ連の捕虜となりハバロフスクに送られて病気になり、咸興のそばの興南から古茂山に逆送されて四十七年にやっと帰国できたYさんという人が鹿児島にいます。いかに多くの日本人がこの北朝鮮の北東地域で死んだかという事実の一端を物語っていますが、詳細は不明のまま放置されています。

このソ満朝国境（当時のソ連・満州・朝鮮）に近い朝鮮北東部には、羅南に陸軍の師団司令部があり、清津は軍港で、古茂山周辺にも軍が配置されていました。ソ連は参戦直後、清津を砲撃、上陸しましたが日本軍はほとんど無抵抗だったそうです。突然の襲撃に、海岸一帯の日本人はそれこそ体一つでこの古茂山や茂山あたりの山地に逃げました。磯谷季次著『朝鮮終戦記』（未来社刊）には、その人たちがやっと見つけた列車で南へ脱出しかけたが、軍によって降ろされ、代わりに軍関係者だけが乗って逃げた事実が記されています。残された一般邦人は、そのまま留まって極寒の冬を迎えたか、約四百キロ余りを歩いて私たちが住んでいた咸興を目指すことになったのです。この人たちが敗戦後の北朝鮮で最も過酷な運命をたどった集団の一つであることは間違いありません。

古茂山の墓参を終え、来た道を引き返しました。車の揺れには少し慣れましたが、セメント工場の荷物を運ぶのでしょう、大型トラックと行き合ったり、追い抜いたり抜かれたりする度に、すごい砂塵に襲われました。私たちの車の後に続く報道陣の車はさぞや大変だろうと思いました。

港町、清津（チョンジン）の町に近づいたところで雨が降り、砂塵は収まり、駅の近くに来たら舗装道路でほっとしました。午後六時半、やっとホテル着。正面玄関は階段を幾段も登る構えの大きなホテルでした。部屋に入ると床にはござ（アンペラ）が敷いてある。間もなく別室のご婦人連からオンドルで床が温かいと言われて納得しました。洗面所を使うと水が床に流れ出て来るし、風呂はお湯が出ない。仕方がないので濡れたタオルで顔や手足を拭きました。一方食事は食材も多様で、ビールはキリンビール、ご飯も肉も結構でした。特にキムチは美味しかった。

ロビーの壁には金日成・正日親子の絵、陳列ケースにも同じく金父子の著書や演説か何かのＣＤが並んでいます。中に一冊『十五少年漂流記』らしい子ども向けの本があり、ジュースや酒類もありました。ぐったり疲れて横になるとすぐ深い眠りに落ちました。

5　羅南（ラナム）の墓地に「ふるさと」が流れて

六月二十八日（土）は、羅南の墓地に行き、平壌に引き返す日です。私が小学校に入った頃、羅南に陸軍師団司令部があり、そこの部隊に父が一時召集され騎兵隊員として入営した記憶もある土地です。六時三十五分起床。部屋の窓からはどんより曇った清津港がすぐそばに見えました。六十九年前の一九四五年八月九日夜明け前、ソ連が突然艦砲射撃で攻撃して来た港は静かな佇《たたず》まいでした。七時朝食。ホテルの前の道を頭にものをのせた女性が歩いています。朝鮮独特の懐かしい風景でした。清津の町もトロリーバスが走っていましたが、平壌のバスに比べるとだいぶ古く傷んだ車ばかりが目につきました。

九時二十三分ホテルを出る。羅南に向かう前に清津港のすぐ近くの丘に登り港を見せようという計画だったようですが、霧が深くほとんど何も見えません。わずかに港や停泊中の船がうっすらと見えました。五、六年前に日本近海で見つかった不審船が逃げて入港したのはこの港です。考えようではあまり見せたくない場所のような気もしますが、わざわざ霧の中を時間をかけて案内してくれるので、意外とオープンなのかも知れないという気がしました。

丘を下りる道路の両脇は市街地の裏町で、昨日の古茂山の農家の家々以上に混み合い、屋根も低く貧しい感じがしました。ここも冬の寒さをどう防ぐのかやはり気になりました。

収骨の塚

市街地を離れた丘の中腹の集落で車が止まりました。そこからトウモロコシ畑の縁に沿って、牛やヤギの糞があちこちにいっぱい落ちている畑の道を登りました。この羅南郊外の日本人墓地は、今回初めて墓参団が足を踏み入れた所だそうです。登っていくと五十センチ立方程のセメントの塊を五つ六つ積み上げた塚が、数カ所散在していました。ここも畑から出てきた骨を集めたのだそうです。広島のIさんが卒塔婆を置き線香を焚《た》いて読経を始めました。ふと、誰いうとなく同行の女性たちが「ふるさと」を歌う声がトウモロコシ畑を流れます。ざわついていた取材の人たちもたたずみ、しばし静寂が霧に溶けていきました。あらためて故国へ帰ることなくこの地で果てた人たちの無念さに触れるような、心に残る時間が流れました。墓地を下りてかつて日本人の納骨堂があった寺の跡地にも寄り、十一時四十分、羅南を後にして清津に向かいました。

途中、昨日休憩をした「Foreigners Lodging」で昼食。中に入ると結構広い部屋もあり、食事の準備が整っていました。鮮やかなチョゴリを着た若いお嬢さんたちが笑顔で世話をしてくれました。ビールのほかに焼酎もあり、半信半疑で飲んでみると口当たりも味も、アルコール濃度も鹿児島の焼酎に似ていて飲みやすい。熊本から参加の女性Tさんが「冷やがいい」と言うので、私もつられて冷やで飲みました。美味しかった。原料は高粱《こうりゃん》かジャガイモではないかという話になりましたが確かめはしませんでした。休憩所を出るときにはチョゴリのお嬢さんたちが並んで見送ってくれました。

昨日の道を昨日の漁郎空港へ。車は揺れるが目的だった墓参の一つを終えた気持ちもあって、昨日は気づかなかった風景や土地の様子も改めて目に留まりました。道路と鉄道が境目なしに同じ路面を並行して走り、市街地の電車と似た感じの所もある。バスの停留所とも駅ともつかない場所に、多くの人が固まっている。道路を歩く人、牛車や自転車で行く人、自転車に荷物をいっぱい積んで押していく人、にぎやかに話しながら道いっぱい広がって行く集団と、人の往来は多彩でした。自動車が近づいても避けようとしないし、悠々と前を横切っていく。マイクロバスもギリギリまで警笛なしで走るのでひやひやするが、きわどいところで事故にはならない。そのタイミングの良さはその後いたるところで目撃し体験しました。

チョゴリ姿のお嬢さん

漁郎空港の入り口の建物で、メディアのカメラマンたちの収録画像のチェックが時間をかけてありました。やはり持ち出されたくない被写体があるのでしょう。検査は報道関係者だけで、私たちはフリーでした。

三時五十六分滑走路へ、搭乗機は来る時と同じＴＵ―１３４。

飛行機が動き出すと昨日と同じ場所にミグらしい機影が見えました。やはり小さい平屋一つ以外に空港らしい建物は見えません。四時二十五分離陸。もう二度と来ることはないであろう景色は、瞬時に薄雲の下に消えました。こうして最初の墓参地、朝鮮半島最北東部の慰霊が済みました。

五時十分、平壌空港着陸。機から降りると、羽田でもお目にかかれないような空港専用の素敵な送迎バスが待っていました。低床でドアが広く座席もゆったりでした。なんのチェックもなしで空港を出てマイクロバスに乗り換え、五時五十五分ホテル着。お決まりの部屋へ。食事は外に出て、回転寿司ふうに食材が回ってくる水炊きに案内されました。材料も良く美味しく食べました。部屋に帰って下着と靴下の洗濯をして就寝。

6　龍山（ヨンサン）墓地とGさんのこと

六月二十九日（日）、朝起きると、妹が昨夜、風呂に入った後、眼鏡を壊したという。簡単には直らない。不便だが我慢するしかない。七時二十分、ホテルの三階食堂で朝食。バイキングでご飯もお粥もある。キムチはやはり美味しい。食材も豊富な感じがしました。昨夜の洗濯物はまだまだ乾いてはいない。明日までこの部屋なのでそれまでに乾けばいい。

予定より遅れて、九時四十三分ホテルを出て、龍山墓地へ向かう。平壌市街地を出るとデコボコと砂ほこりの道。周囲の水田の稲が美しい。昨日までの清津や古茂山あたりの稲より育ちがいいように見えました。しかしなだらかな丘陵地域にかかると、水が涸れかけた水田とトウモロコシ畑とが混在して、農家も古い家の集落と新しい家の集落が別々に点在しています。首都平壌郊外で農村の改造が始まっている感じがしました。十時三十分、一つの集落の道路脇に停車。降りて後ろを見るとマスコミ関連のマイクロバスなどが十台余り並んでいました。農家の脇を抜けて傾斜地の畑を通り、丘を登ると、饅頭型に土を盛った墓が幾つもありました。

龍山墓地は敗戦後、満州方面から逃れて来た人々も含めて、平壌で亡くなった人々の遺骨を、開発などの都合で二度移してこの地にまとめたのだそうです。現在までの調査で名前がわかった人が二千四百二十一名。全部で六千数百人が亡くなっています。同行の岩手から参加のGさんも、父親が満州で召集され敗戦。母子四人で平壌に逃れてきましたが、母親が病で亡くなってからは、物乞いと拾い物で命をつないだ。なんとか冬を越し、周囲の人々が南下を始めたときに、ある男性が一緒に連れていってやると言ってくれて、三十八度線を越えたのです。ところが南に出たところでその男性は「僕は朝鮮人だ。ここからは自分たちで行きなさい」といって去って行ったそうです。当時すでに朝鮮の人々にとっても、三十八度線は簡単には越えられない運命的壁になっていたのでしょう。

龍山墓地での慰霊

生き残ったGさん兄妹は、帰国後しばらく親戚の厄介になっていたが、父親が海南島から帰って来てやっと親子会えたので

すが、妹さんたちは衰弱を回復できず亡くなったそうです。訪朝の旅の間、明るく振る舞っておられましたが、少しずつ語る話から、心の奥を少しだけ見せてもらった思いがしました。

平壌は母を失い兄妹三人孤児になり、生き延びた土地。丘の斜面に盛られた土に卒塔婆を立てて合掌するGさんに、私は石を一つ拾いビニールに包んで渡しました。

丘から見下ろす平壌郊外は赤土の丘のあちこちに農家を囲むように水田やトウモロコシ畑が広がり、日本の夏の陽より柔らかい光に包まれていました。

女優の小林千登勢さんも敗戦を平壌で迎え苦労して南に逃れた経験があります。その体験を基に書かれた『お星さまのレール』は多くの人に読まれていますが、それに次のような事実が述べられています。


夏になりました。その七月のある日のことです。たくさんの日本人が、北の方から汽車できて平壌に降りました。女性と子どもばかりでした。満州にいる軍人たちの家族だという話でした。……八月、夏休みになって、いよいよほんものの夏が来ました。すると、満州からきたたくさんの日本人が、少しずつ汽車に乗って南の方にいきました。……（中略）……七月に満州からきて、まだ平壌にいる人たちがかなりいました。その人たちは、やがて倉庫のようなところに集まって、いっしょに住むようになりました。『あの人たちは、満州にいる軍人の家族たちだ。満州にいる軍人は、終戦になるのを知っていて、自分たちの家族をにがしたんだな』そういううわさが、流れ出しました。

平壌で敗戦を迎えた小林さんが、子ども心に記憶した敗戦の前と後の事実です。当時日本陸軍最強の精鋭と言われた関東軍、その家族たちが八月十五日以前に、満州から朝鮮を抜けて日本本土に逃げた事実が述べられています。しかもその数が多過ぎて十五日までには間に合わず、もしかすると位の低い兵の家族が平壌に残ったのではないでしょうか。

同胞を守るはずの軍が逃避を始めたのも知らず、当時の満蒙（満州とモンゴルとの国境付近）で開拓に従事していた日本人たちは、男性は召集され女と子どもたちが畑を守っていて敗戦を迎えたのです。その幼い子たちの多くが中国残留孤児となったのです。

7　平壌（ピョンヤン）市内寸描

龍山墓地での慰霊を終えて、十一時、丘を離れ三十分少々で平壌市街へ。市街を貫流する大同江河畔の冷麺の館で昼食になりました。国営なのでしょう、すごく大規模な食堂で、大きな二階建ての食堂が三つ繋《つな》がって並び、そのつなぎの部分にも食事のできる部屋がいくつもある。すごい収容能力がありそうでした。食堂の前の広場も車と人で混雑していました。道路を挟んで洒落たビル街があり、日曜ということもあったのでしょう、人や車の往来もにぎやかでした。

北朝鮮名物の冷麺は、小さい時に食べた「朝鮮蕎麦《そば》」の記憶とは見た目も味も違っていました。量の多さと、麺の長さに驚きながら、それでも美味しく食べました。それから「ピョンヤン市内観光」でした。

①チュチェ思想塔に上る

午後一時過ぎに食堂を出て、チュチェ思想塔へ。これは金日成生誕七十年を記念して、大同江河畔に造られた高さ百七十メートル、石の塔としては世界最高だそうです。使われた石の数、三百六十五×七十＝

人民大学習堂

金日成広場

二万五千五百五十個。金日成が七十歳まで過ごした日数になります。周りの広場にはモニュメント風の彫刻などがありました。案内人の説明を旅の全行程に同行している女性が通訳してくれました。エントランスの壁に塔建設に賛同し募金などした団体がプレートで展示されていました。日本の教職員団体の名もありました。エレベーターで最上階の展望台へ。大同江を挟んで真向かいはテレビのニュースによく出てくる軍事パレードが行われる金日成広場、その正面奥に人民大学習堂がありまます。多くの人が「北朝鮮」と聞けばまず頭に浮かぶ場所です。その場所と塔が大同江をはさんで一直線に並んでいるのです。「国威宣揚」「個人崇拝」の中核という感じでした。平壌市街も一望でき、塔の下の河岸は緑地公園、私たちが泊まっている「平壌高麗（ピョンヤンコウリョウ）ホテル」も見えました。

②紡織工場女子寮見学

最近オープンしたばかりの女子寮、金正恩（キムジョンウン）の意向で作られた最も設備の整った寮という説明があり、中に入ると天井が低いのです。「女性は背が低いから少し低くてもいいのではないか」という金正恩の提案で、階を一つ増やしたという説明でした。七階建て三百三十部屋、一ドアニルーム、一部屋七人、二千三百十人収容。ただ七人が並列で寝る部屋の作りは、寝台車のベッドを横につないだようでいかにも狭い感じでした。七階までエレベーターはありませんが、各階にロビーがありちょっとした集会や談笑ができる空間がありました。風呂は豪華で一流ホテルの大浴場を思わせる感じ。この工場に就職しここに住むことが憧れみたいなのではないだろうかと思うことでした。

③焼き肉専門店で夕食

ホテルに帰り、六時過ぎに夕食会場へ。夕暮れの街にはほとんど看板もネオンもありません。街灯だけです。初めは何となく寂しく感じましたが、慣れてくると街がしっとりと落ち着いた感じです。行ったのは焼き肉専門の食堂。静かで車もほとんど通らないアパート（マンションと言ってもいい）が幾棟も並んでいる一角で、高級官僚が住む地域だと、ある通信社の北京駐在の記者が教えてくれました。肉は牛、鳥、それにイカなどたっぷり。生ビールも美味しい。日本では食べられなくなったユッケも出る。それも七面鳥や牛の胃のユッケもあり、珍しいので食の進む人もいました。岐阜のWさんの誕生日だというのでケーキも用意され、一行に対する配慮の細やかさを感じました。みんなが食べるだけ食べたころ、全行程に随行して世話をしてくれている北朝鮮の日朝交流協会の男性が笑いながら「もう済みましたか、残ったのはいただきます」といって店員にトレイを要求しました。とても自然な感じで、女性店員が持ってきたトレイに「待っている人が喜ぶから」と笑いながら残った肉を手際よく詰めていきます。それを受け取った店員が、テーブルのそばで持ち帰りやすいように用意をする動作も自然でした。食糧難が報道されていることを十分に知っているであろう人が、外国からの客の前で見せるとても自然な態度に好感を持ちました。店内は家族連れらしい人々でほぼ満席にちかく、賑わっています。食糧不足が報道される印象とは合わない雰囲気と、他方で肉を待っている人々への配慮を無理なく自然に実行する様子をどうとらえたらいいのか、詳しく聞きたい思いがしました。

8　いよいよ宿願の東海岸の街、咸興（ハムフン）へ

六月三十日、五時半、起床。キャリーの中を二泊三日に必要なものだけにして詰め替える。七時十五分、朝食。昨晩の肉の食べ過ぎなのか、体調がすぐれず朝食抜きの人もいました。ホテルに残す荷物を連絡会のOさんの部屋に預けてロビーへ。予定時刻が過ぎて待つこと三十分以上、このリズムにもだいぶ慣れてはきましたが、それを気にする日本人の几帳面さの方がかえっておかしいのではないかとも思いました。

九時十五分、東海岸、咸興、元山方面へ半島横断二百キロに出発です。平壌市外を出ると坦々としたコンクリート舗装の道路。だが波打つ所、路面が剥げたままの所などが随所にあります。その度に速度を落としたり揺れる個所を避けたり、運転手は気の休まる暇がありません。重要な幹線道路にしては整備が不十分でした。道の両側は延々とポプラ並木が続きます。並木と言っても日本の道路脇に一列に並んでいるのとは違い、道路に沿って幅五～十メートルの帯状の土地が続き、そこに二、三列に樹木が植えてある場合が多いのです。その並木のあちこちで軍服姿の兵士や民間人が混じって伐採作業をしていました。直径が三十センチほどの樹を切っていたり、若木を一定の高さで切り揃えたり、若い苗木を植えていたり、様々な作業をしていました。その理由は後でわかりましたが、それら作業を見ながら気付いたことは、伐採作業などでチェンソーを使ってないということでした。このことは朝鮮を離れるまで続きました。

車列は、旅の全行程をリードする交流協会の職員が乗った先導車の次に私たちのマイクロ、その後に取材の記者たちのマイクロが数台つづきます。行き交う車の数は少なく、それもほとんどが荷物を積んだトラックですが、軍服姿の兵と一般人が混じって荷台にいっぱい乗っているのもよく見ました。煙を出しながらゆっくり走っていくトラックを追い越しました。懐かしい木炭車でした。この後何度も見かけましたから、相当数の木炭車が現役で走っていると思われます。たまに出合う乗用車はほとんどがベンツやＢＭＷなどのヨーロッパ車で日本車や北朝鮮産の乗用車は見ませんでした。道路脇に相当長年使ったらしいバスが止まっていて、乗客が木陰に腰を下ろしているのも見ました。故障なのかただ休んでいるのかは分かりませんが、のんびりした情景でした。使える車はフルに使っているという感じがしました。

途中、道路事情で迂回路に入り、左は深い谷、右は切り立った絶壁の急坂を冷や冷やしながら下ります。途中、落石でフロントガラスが割れたらしいバスを見て、少々怖くなりました。山道ではトンネルも幾つか通り、中には三～四分近くかかる長いのもありましたが、照明がほとんどなく真っ暗です。気をつけているとその暗闇の中を車とすれすれに牛車が通っている。ぞっとしましたが、その後、帰りの道でも見かけたので一般的なことのようです。

山道を走りながらよく見かけたのは、伐採した木を運ぶ子どもや女性の姿です。近くに集落の見えない道を、自転車の荷台に枝を束ねて運ぶ人、束を背負ったり枝のまま引っ張ったりして行く人、リヤカーや手作りの車で運ぶ親子らしい姿などいろいろでした。おそらく冬にオンドルで焚く燃料なのでしょう。時には男たちが太い丸太をトラックに積む作業をしていましたが、トラックはわずかしか目にしませんでした。ユンボやクレーンはありません。全て人力でした。妹はユンボを一度見たそうですが私は目にしませんでした。

平壌を出て二時間余り走り景色のいいダム湖畔の休憩所で休みました。高速道路のサービスエリアのような場所です。鹿屋の大隅湖より大きいと思われる湖が、一方は切り立つ岩山や濃い緑の山肌などに囲まれ、他方は林やダムの堰堤《えんてい》になっている景勝の地でした。湖面にはボートを漕ぐ人もいました。休憩所の売店で、朝鮮入国後初めて中国紙幣を使って乾燥トマトを買い、結構美味しく食べました。

朝鮮半島の背骨を越えて、いよいよ東側の平地に出ました。畑や田圃で七、八人、時には二、三十人が集団で農作業する姿を見ましたが、トラクターとか耕運機などはほとんど見かけません。目にしても畑を耕すより荷物の運搬に使われていました。そのせいか畑の人々はいかにもゆったり働いている感じがしました。

鉄道線路と道路が並行し、丘の向こうに煙突が何本も立っていて、町らしい地域に入りました。運転手に「高原（コウォン）か」と聞くとそうだという返事。小学四年から五年まで、父が高原機関区の区長をしたのでこの町に住んでいました。しかしその頃の田舎町の面影はなく高い建物や少し賑やかな交差点を通るうちに、工場も町もすぐに過ぎてしまいました。町はずれに大きな川があった記憶がありましたが、それらしい川もあっという間に越してしまいました。当時も石灰質の土壌や岩の多い土地で井戸の水を沸かす鉄瓶《てつびん》に白い塊《かたまり》が付着した記憶があって、煙突の見えた工場はおそらくセメント工場だろうと思いました。

9　高原を過ぎると咸興は近い

高原・咸興間は約五十キロ。道は田畑が広がる地帯に入り、いよいよ七十年間脳裏から消えなかったふるさとの街が近くなりました。はやる気持ちを押さえていると、取材の記者団の農村事情を知りたいという要望もあって、咸興に入る前に、先進的な集団農場を見ることになりました。幹線道路をそれて農場への専用道路を行くと小高い斜面に幾つも建物があり、ゲートの左には高さ四メートル、幅五、六メートル程の大きな壁面に金日成・正日父子の肖像が描かれてあり、その傍にスローガンが書かれた高い柱が立っていました。

集団農場前の金父子肖像とスローガンの柱

車から降りてまず案内されたのはこの農場の創設からの歴史を示す展示場。金父子の提案と指導で作られ発展してきたこと、いつ視察に来たといったことが写真を使って解説されていました。付属の幼稚園があり、庭では子どもたちが並んで歌を歌っていました。伸び伸びしたいい声です。先生とのやり取りも大きな声ではきはきと答えていました。園舎の玄関の大きな看板に何か書いてあります。聞いてみると「農繁期に子どもの完全預かり保育が可能」ということだそうです。食事から寝泊まり、衣服の世話まで年齢を問わず預かるのだそうです。農村だけでなく都市部にも似たような施設があるそうです。ある部屋では先生のオルガンに合わせて一人の男の子が、大きないい声で歌を歌っていました。午睡《ごすい》の場所やベッド、室

園児たち

内遊技場、どの部屋もきれいに掃除がしてあり清潔な感じでした。

農場内には売店もあり、チョゴリや生地、靴やスリッパ、帽子、玩具、マッチ、ジュースなどの飲み物と色々陳列してありましたが売買する姿は見ませんでした。農民の家が整然と並んでいました。明るい洒落た感じの二階建てで、一見農家とは思えない感じですが裏に回ると軒の低い家屋もありました。牛舎は住まいとは離れたところにまとめてあり、たくさんの赤牛がつながれていました。いかにも集団農場といった感じでした。できれば農具や農耕機械なども見たいと思いましたができませんでした。

農場を出てしばらく走ると車が大きな川を渡り始め、川の向こうはビルが建つ街です。川は咸興市（植民地時代は「府」といった）の南を流れる城川江（ジョウセンコウ）に間違いない、これを渡って真っすぐ進むと咸興の市街地に入って行くのです。鼓動が高鳴りました。しかし、橋を渡り切ると車はすぐ右に折れて川添いに海の方へ向かいました。がっかりしているうちに車は工場施設のある地域に入りました。興南（フンナム）でした。

10　工業都市、興南（フンナム）

かつて朝鮮窒素肥料会社があった町です。私の記憶には、咸興の次の次の駅が興南で、鹿児島から来た親戚が働いている工場があり、その家を訪問したときに行った浴場は、鉄道官舎の中にあった浴場よりずっと大きく立派だったこと、家のすぐ横に工場が広がっていたことぐらいしか残っていません。しかし後で知ったことですが、この一帯の化学工場群は敗戦の時期には日本最大の化学コンビナートだったのです。初めは朝鮮や満蒙（満州と蒙古＝モンゴル）で食糧を増産するための肥料を作るという名目で始まった朝鮮窒素肥料工場だったのです。

私が生まれた頃、一九三〇年代以降、日窒コンツェルンが、私たちが住んでいた咸興の北に広がる蓋馬（ケマ）高原から鴨緑江水系にかけての地域に水力発電用ダムを建設し、その豊富な電力と安い労働力を基に咸興・興南を中心にして北朝鮮全域に、化学肥料、軽金属工業、石炭乾留、カーバイトや火薬、化学薬品などへと事業を拡大しました。昭和初期二百人ほどの寒村だった興南は、敗戦当時二十万人近い日本最大級の重化学工業地帯になっていたのです。

その急激な膨張は水力発電の動きを見ればわかります。日窒コンツェルンは蓋馬高原の鴨緑江支流で一九二九年に赴戦（プジョン）江ダム、一九三五年に長津（チャンジン）湖、一九四一～四四年には鴨緑江本流に水豊（スプン）ダムと、次々に電源開発を進めました。一九四四年三月に水豊ダムが完成し稼働しはじめたときの鴨緑江水系の最大発電能力は二百万ＫＷと推計されています。一九四〇年当時の日本国内（当時私たちは内地と呼んでいました）の総水力発電規模が二百八十万ＫＷだったそうですから、その規模の大きさが推測されます。

単に農産物増産のための肥料会社でなかったことは、このこと一つでもはっきりします。こうして植民地朝鮮は、日本のアジア侵略の「兵站《へいたん》基地《きち》」（古い言葉ですが）となっていったのです。水俣のチッソ、延岡の旭化成はこの日窒コンツェルン系列の会社なのです。

この興南の工場は、敗戦後、ソ連が施設を接収してシベリアに運んだとか、朝鮮戦争で米軍が徹底的に破壊したとかいわれていましたから、どんな状態か興味がありました。町に入ると、道路に沿って地上四、五メートルの所を、直径一メートルほどの丸いパイプが通っていたり、柵に囲まれた広い敷地に工場の建物が幾つもあり高い煙突からは灰色の煙が上がっていたりして、工場が稼働していることが分かります。ちょうど帰宅の時間なのか多くの労働者風の人たちが歩いていました。とても平和な感じでした。

興南の街路沿いのパイプ

工場地帯を抜けると海岸に出ました。きれいな砂浜の沖には小島があり一見リゾート風です。道路からそれて松林の道に入るとゲートがあり検問所でした。ゲートが上がりホテルの専用道路らしい道を奥へ進むと間もなく玄関でした。正面に「ＭＡＪＯＮ ＨＯＴＥＬ」とあります。後で同行の記者たちから聞いたのですが、金正恩（キムジョンウン）の提案で贅沢に作られたホテルで、おそらく北朝鮮では最高級の宿泊施設だろうということでした。

広いロビー、明るく薄いブルーで統一された壁と天井、部屋も広く廊下のスペースもたっぷりです。部屋に浴槽はありませんがシャワーが整っていて不自由はありません。建物だけでなく窓からはホテルの前に広がる砂浜や海が見え自然環境にも恵まれた感じでした。ちょうど夕日が沈むところで、明日の墓参のことや、念願の咸興市街に入れなかった残念さがしばし薄れました。ただ私たち一行以外に宿泊客はいないようで、静かというより閑散とした感じはしました。

11　七月一日、咸興墓参

いよいよ父と祖母を埋めた場所へ行く日です。事前に二人を埋めた場所を、記憶をたどり可能な限り詳しく書いた地図も提出したのですが、どれほど近くまで行けるのか前夜になっても連絡はなく、不安と期待が交錯します。

五時三十分起床。三十九分、窓から見える左手の岬の上に朝日が上がります。いい天気です。朝食を済ませて、持ってきた墓標などをそろえロビーへ。九時四十分ホテルを出発。昨日のホテル専用道路を出て工場地域を通ると、労働者の出勤時間なのでしょう、通りを大勢歩いていました。興南を離れるといよいよ咸興市街へ。並木に沿ってアパートらしい三、四階の建物が続き、古い街の面影は全くありません。市街を南北に走る以前は「軍営通り」と呼んでいた中心市街地はビル街になっていて、そこもあっという間に通り抜けて行きます。一つでも記憶に残る建物はないかと探しましたが駄目でした。繁華街を抜けると左に刑務所跡地らしい場所、歩兵連隊があったのではないかと思われる所があり、そうすれば反対側は鉄

咸興市街地のビル

道局で、その向こうに敗戦時まで住んでいた鉄道官舎があるのではないかと目で追いましたが、道路に沿って並ぶアパートの切れ間から低い民家が見えるだけでした。

その反対側は練兵場があった場所ではないかと思っていると、突然車が左に曲がり小さな道に入って行きます。前方に低い丘、間違いなく記憶にある景色です。父を埋めた場所の近くの火葬場が残っていれば、ほぼ間違いなく墓に行けると思いました。車は民家のそばを通り抜けて小さな見張り小屋のような所で止まり、そこからはなだらかな坂を歩きました。坂の左手には赤いペンキを塗った鉄の柵が続いています。今車で通ってきた辺りが練兵場の周辺です。その右手奥に、祖母を埋めたと思われる低い樹木がまばらに生えている丘と、それに続いて右手に松が数本立っていて父を埋めた記憶の残る場所が見えます。あの辺りだという気持ちが確かなものになりました。

交流協会の日本語の達者な女性が、「朝鮮では墓を南向きに作るが、あの場所は北向きではないか。それは日本の風習だろうか」と尋ねましたが、「風習とか習慣がどうなのかはわからないが、あの当時はそのようなことを考える余裕はなかっただろう」としか言えませんでした。

鉄柵に沿ってもっと先へ進もうとすると、案内をしてくれている交流協会のTさんが「ここから先へは行けません」と、静かな口調でしたが宣告ともいえる感じで言いました。「確かにあの辺りです。間違いありません。行けませんか」「はい、だめです」「あの背の高い松があるあたりが火葬場ではないかと思うのですが」「旗が立っているそばの建物が、岩元さんが地図で示した火葬場の場所です」「あと、五、六百メートルだけどなあ」と私が言うと、Tさんはすまなそうな表情でうなずきました。私も「やっとここまで来ることができた」と自分に言い聞かせるようにつぶやきました。Tさんもそれを聞いていました。二、三人の記者が軍の施設かなんかで入ることはできないのだろうと言いました。

道路と鉄の柵のあいだのリンゴの幼木が植えてある土に浅い穴を掘り、持ってきた墓標を立てました。表には、父と祖母の名前と亡くなった享年、年月日、裏には「一九四五~四六年　多くの日本人が望郷の思いを燃やしつつ、この地に残る」と書きました。「この地に眠る」と書く気持ちにはどうしてもなれなかったからです。

供え物は鹿児島で「カライモンモッ」と呼ばれている芋餅と焼酎です。敗戦の年の九月にそれまで住んでいた鉄道官舎を追われ、集団収容所を転々とする間に、父は容態が徐々に悪くなっていました。三番目の収容所では一室に三家族が押し込められ、その一家族が鹿児島出身で鹿児島のことを色々話していました。ある時「帰れないならせめてカライモンモッを食べて死ねたら」と話し合いながら力なく笑っていた記憶が消えなかったからです。そのことばは母も聞いていて、帰国してからも二、三度は話したことがありました。それで今度の訪朝の直前に、鹿児島空港近くの物産館「よかでーろ」でカライモンモッを求めて持ってきたのでした。墓標に焼酎をかけ線香を焚き、祖母を思って書いた私の詩「おばあちゃん　土着てますか」を読みました。同行の皆さんも手を合わせて静かに聞いてくれました。

昭雄と孝子

墓標を立てて詩を読む

案内のTさんが「ここは私有地ですから墓標は持って帰って下さい」と言います。墓標の前に家族がそろって元気だったころの写真を置き、妹と二人墓標を挟んで写真を撮ってもらいました。約七十年、思い続けたことは予想よりあっさりというか小さな一つの事実として終わりました。近くて遠い国に来て、たどりつきたい地点はさらに近くて遠い場所でした。同行のNHKの記者の今の気持ちをという質問に「あそこに見えているのに行けないのは残念だが、納得もした。母と一緒に来られたらよかったけれどこれで一つのことを終えるという気持ちだ」と答えました。墓標を風呂敷に包み、餅もリュックに詰めながら「ここまで来れてよかった」と自分に言い聞かせていました。岩手のGさんが小さな石を一つ小さな袋に包んで私に手渡してくれました。同じような思いをした者同士の心の通い合いでした。

ふと、私の心の中で父への思いより祖母への思いの方が重く広がっていることを感じました。それは、母が、自分自身は発疹チフスの発病で強制隔離され、自らの母親の臨終を見届けることが叶わなかった悲しさ辛さの始末を果たせないまま、自分は百歳まで生きて七年前に逝ったことが、私の中に消すことのできない事実として居続けているのだろうと感じました。同時に「母さん、なんとかすませたよ」という、ホッとした気持ちが心の中に広がっていきました。七十年近く思い続けてきたことをやっとなし終えたにしては、揺れの少ない静かな自分を感じていました。

私たちの墓参は終わりました。長居はできない。今日は墓参を三カ所するのです。二度と来ることも見ることもないであろう丘を振り返りながら、坂を下りました。車が動き出し、後ろに消えていく丘との別れはやはりさびしく無念でした。

私と一緒に墓参の旅を終えた妹、長野孝子が、思いの一端を寄せてくれました。

—七十三年前、兄妹二人で祖母の臨終を見守りました—

七月一日、待ちに待った父と祖母の埋葬地「咸興」へとバスは出発しました。

バスが市街地に入りました。突然兄が「孝子、公会堂の奥の方に引き揚げ前まで住んでいた二階建ての銭湯があったところだ」と指差しました。六畳一間に七人住んでいた所です。

父が逝き、母、長兄、弟は発疹チフスで強制隔離収容所へ、部屋には、祖母、兄、私の三人残りました。二月十日祖母は二人の孫が見守る中で亡くなりました。

兄が祖母を大八車で埋葬地に埋めに行きました。——一人になった六畳間、私は何を考え、何をしていたのだろう——と考えているうちに、なだらかな丘の麓に着きました。バスを降りてとうもろこし畑を登り埋葬地まであと五～六百メートルのところで赤い鉄の柵が行く手を阻んでいました。仕方なく木の根元に墓標を立て、父の大好きだった「唐芋もち」を供え、兄が読む「おばあちゃん土着てますか」を聞きながら、「お父さん、おばあちゃん！　お母さんも、久臣兄さんも、一緒に会いに来たよ」と手を合わせました。緑のやさしい風が流れていました。

ふと、父と祖母が優しく私の頭を撫でていったような気がしました。

「這ってでも行きたい」と口癖のように言っていた母の思いをやっと叶えることができました。埋葬地までは行けませんでしたが、風景はしっかりと目にやきつけ、再び訪れることはないだろうと思いながらバスに乗りました。今も北朝鮮へは自由に往来はできませんが、墓参が実現したのは「平和」だったから……を実感しました。

その夜の海外ニュースで、安倍内閣は「集団的自衛権行使容認」を閣議決定したと報道しました。びっくりしました。アメリカと一緒に「戦争する国」へつき進み、再び「加害国」になろうとしている。なぜ、九条を持つ国が、そんなことができるのか。……悶々として二日の朝を迎えました。

「墓参」を通じて「平和」の尊さを痛感した「日」は、日本が戦争へと舵をとった、忘れてはならない日となりました。二度と「加害国」にも「被害国」にもなってはいけないと強く思いました。

語り尽くせないほどの犠牲と反省の上に手にした「日本国憲法」。「戦争の放棄、武器を持たない」と世界に誓った「憲法九条」は誇りです。しかし、安倍首相は、二〇二〇年までに憲法九条に自衛隊を明記すると宣言しました。今こそ、九条を「守り、活かす」取り組みが求められている時ではないかと思います。

戦争の歴史、加害国と被害国の歴史を風化させないために、〝昔ばなしではない〟戦争体験を語っていこうと思います。

12　咸興で、もう一つの慰霊

先ほど来た道を市街地の方に引き返しながら、菰《こも》に包んだ祖母を運んだ道や丘の下を流れていた小川を探そうとしましたが無駄でした。幹線道路に出てかつて鉄道局があったと思われるあたりにその名残を探しましたが、それも無駄でした。市街地に入り旧道庁（日本の県庁）の前で停車、案内してくれる咸興市委員会の人の説明で道庁の建物の記憶は甦《よみがえ》りましたが、道庁周辺の様子は思い出せません。街の中心に近づき交差点を東に左折すると、広い道路の先に駅が見えました。それでこの交差点がかつて公会堂があった場所だと分かりました。公会堂の近くの銭湯の二階が、咸興を離れる前の五カ月ほどを過ごし、父や祖母が命を終えた場所なので確かめたかったのですが車は止まりませんでした。

駅に向かう道の右側には、この街には不釣り合いに感じるほど外観は豪華な「咸興大劇場」があり、そこを過ぎると駅前の広場でした。広い割に車の往来も人の行き来も少なく、共和国第二の都市の駅にしては閑散としています。生まれて十歳まで育った鉄道官舎もこの近くで、ここから学校に通った懐かしい土地なので、記憶につながるものを探してきょろきょろしている私に、取材の人たちが質問をしますが、記憶につながる跡形もないのに淋しさを感じ、それでも明るい顔をして妹と並んで駅をバックに写真を撮ってもらいました。咸興は朝鮮戦争の激戦地でもあったそうで、私の思い出のものが残っていないのは当然といえば当然でした。

大きな構えの食堂で冷麺を食べた後、咸興でのもう一つの慰霊をしました。愛知から参加されたＹさん、Ｉさん姉妹のお母さんの慰霊です。

この家族は、咸興から北西の今は狼林（ランニム）と呼ばれている山脈の、赴戦（プジョン）高原の一角に住んでおられたのです。父親は鴨緑江の支流である、長津・赴戦江水系の発電や送電の仕事に携わっておられたようです。敗戦前に父親が応召で戦地に行き、敗戦後、母子五人で咸興にたどりつき、ある倉庫の収容所で過ごすうち、母子三人が発疹チフスで隔離されたりした後、飢えや病や寒さのために、母親は敗戦の翌年、一月七日に亡くなります。極寒の収容所、周りでも次々に人が死んでいくなかで、長姉のＹさんは病気、弟妹三人も小さく、菰に包まれた母親がどこに運ばれ、埋葬されたかは分からないのです。二月に入り、やっと日本人世話会という組織が機能し始め、孤児として収容されたそうです。その間どうして飢えと寒さを凌《しの》いだのか、姉弟がそれぞれ書かれた記録も読む機会がありましたが、過酷な状況のなかで、奇跡的によくも四人揃って命を維持されたものだと驚嘆します。

四月になり、収容された孤児のうち四十人を連れて三十八度線を越える計画が実施され、長姉十三歳、末の妹四歳の四人姉弟もそれに選ばれました。三十八度線の近くまで貨車で運ばれ、後は三泊四日の野宿を重ねて歩く道。歩いた子どもたちと一名も失うこともなく連れて南下した五人の大人の行動は、同じような体験をした私にとっては、この事実もまた人道的であり奇跡に近いことです。

その姉妹は、母親が亡くなった倉庫があったと思われる、かつて大和町と呼ばれた場所で慰霊をしたいという希望でした。事前にその意向が場所を推測するための地図を添えて地元の行政に伝えてあり、その場所に案内されました。

私の記憶では、大和町と隣接する黄金町一帯には市場や倉庫があったり、銀行や事務所、中華料理店などがあり、それに続いて百貨店や映画館、遊郭などの繁華街があったりするなんとなく雑多な地域で、子どもはあまり行かない場所でした。敗戦後は咸興以外からなだれ込んだ避難の人々がそれらの建物に押し込められ、夏から秋にかけてはチフスや赤痢、飢えで、冬に入ってからはさらなる飢餓、寒さに発疹チフスという悲惨な状況の中で、多くの人々が死んでいった場所です。

Yさん I さん姉妹は、その大和町だった場所の路傍の木立の根方にお母さんの写真と位牌を置き、小さな祭壇をつくり線香を焚き二人で経を唱えられました。後で「母も、もしかしたら岩元さんのおばあちゃんと同じ丘に埋められたかもしれませんね」と、念願の慰霊を果たされた思いの一方で、どこに埋葬されたか知る由《よし》もない寂しさを語られました。心に深く刻まれる慰霊となりました。お二人とは、自分たちのような体験をする人を二度と作らないためにも、お互いできることをしようと交流を続けています。

13 「三角山」での慰霊は終えても

咸興を後にした車は興南の工場地帯を抜けて、山というより小高い丘の間に農家が点在している地域に入りました。「三角山」墓地です。興南で難民生活を送った人たちが、多くの死者を埋葬した場所を、誰いうとなく「三角山」と呼ぶようになったらしいのです。車を降り、案内のTさんが「山はどれも三角なのでどの山か迷いました」と言いながら急な斜面をのぼって行きます。取材の人たちも続きます。トウモロコシ畑と低木と藪が混在する一角に、小さな饅頭型の盛り土が幾つもあります。出てきた骨を埋め直したらしいのです。熊本市から来たTさんと天草から参加のMさん、それに広島の I さんが、知人から頼まれたものも含めて卒塔婆を四本供え、香を焚いて幼くして死んだ妹さんたちへ慰霊の読経をしました。T

さんが「こんなところで七十年も、寂しかったろう、いっしょに帰ろう」と語りかけました。どこに埋められ骨がどこにあるのかは分からない。それでもこの小高い丘の重なりのどこからか、応答が返って来そうな感じがしました。周囲の山は頂上近くまで耕され、七月とはいえ初夏のような陽が注ぐ穏やかな風光でした。上ってきた足場の悪い道を下りながら、あの極寒の時季に、菰に包んだ亡骸《なきがら》を誰がどのようにして担《かつ》ぎ上げ、ここに穴を掘り埋めたのかと、周りの平和な風光と隔絶《かくぜつ》する情景を思い描いていました。

一行が予定した墓参は一応終わりました。午後三時十五分、「三角山」を離れるマイクロバスのなかはしばらく静かでした。「やっとすませた」という安堵の空気と、「これでおしまい？　これでいいのかな」といった寂しさとも心残りともつかぬ空気が流れているようでした。

九人のうち記憶をたどって「ここが墓だ」と言えそうなのは私だけのようです。どこに埋まったのか分からない人がほとんどの一行です。だけどどうしてもこの地に来たかった、行かなければならないと念じ続け、一応の目的は達したけれど、でもまだし残したことがあるのでは、そんな感じでした。私はまた、井上靖の詩、「落日」を思い浮かべていました。

ホテルに帰ってしばらくすると、今夜は車の運転手さんたちが、浜辺でバーベキューをしてくれるという連絡がありました。私たちや取材の一行には「お疲れさまでした」という感謝の気持ちもあるし、ドライバーさんたちにも仕事の大事な部分を済ませたという安堵もあるのでしょう。言葉はあまり交わさないが慰霊の旅を共にした気持ちは共有できた感じがして嬉しくなりました。

日が落ちる頃、砂浜に作られた洒落た脱衣所とシャワーがある場所でバーベキューは始まり、ビールも美味しかったし語り合いもできました。運転手さんたちが車座になっている所に行き、ビールを注いで回りながら「ありがとう、墓参りは済んだけれど、まだお世話になります」と日本語で言いました。みんなにこにこと応えてくれてさらに気持ちの通い合いを感じました。宴はたけなわでしたが、疲れを感じて私は部屋に帰ることにしました。すっかり暗くなった砂浜を歩きながら、あと五、六百メートル、あの父と祖母を埋めた丘まで行けたらこの上ない日になっただろうと、一度は胸に納めた思いをまた噛み締めていました。

14　七月二日、港町、元山（ウォンサン）へ

五時三十分、起床。気分は爽やかでした。妹とＭＡＪＯＮ　ＨＯＴＥＬの前の浜に出ました。掃除が行き届いているのか、砂浜にゴミが一切ないのです。ビニールの切れ端などはもちろん、打ち上げられている海藻もないのに驚きました。浜の先に小島のような高台があり上は展望台、下を見ると崖下には波が寄せて海藻が揺れています。振り返ると松林など緑に囲まれたホテルの全景や昨晩バーベキューをした脱衣所やシャワーの設備が見えます。この高台にはトイレもあり、崖の下の回廊風の通路を回っていくと小さな船が係留できる桟橋まであります。急に深くなる海にはホンダワラやヒトデ、小さな魚が見えました。ホテルを含む浜全体が贅沢なリゾート施設でした。

ホテルに帰って改めて建物の中を見て回りました。全体を薄いブルーで統一した色調、ロビーやエレベーターの前、トイレなど、どこもゆったりとした空間です。ビリヤードが三台並んだ部屋、ゲームの場所、小奇麗なバーなど、ある記者の「金正恩（キムジョンウン）の好みで作らせたらしい」といった言葉が何となくわかるような気がしました。もう一晩泊まってもいいと思いましたがそうはいきません。

十時十分、ホテルを出発。いつの間にかマイクロの座席が決まってしまい、私は運転手の横の最前列、フロントガラスいっぱいに外が見える席となりました。飽かず外を見ながら写真を撮るので皆さんがそこを空けてくれた結果でした。

興南・咸興間はこの三日間に二往復したことになります。興南の工場地帯を抜けて咸興の南を抜けて、咸興市街の南を流れる城川江を渡ると生まれた土地、咸興とは永久の別れです。ちょっとセンチな気持ちになり川の畔でちょっと停車できないか頼みましたが駄目でした。車はアパート街を抜け、十時三十分、あっという間に川を渡り、私の胸に広がる寂しさなどお構いなく南下します。曇った空から弱い雨が降ってきました。涙雨でした。

咸興〜元山間は約百二十五キロ、一昨日通った道を逆に南へ走るのです。途中の高原という町は、朝鮮半島を東から西へ横断する当時「平元線」といった鉄道の分岐点で、父がそこの機関区長をしたので、小学四、五年を過ごした町。その小学校で左足の大腿骨を折り、元山の病院に二カ月ほど入院し、結局一年休学した苦い思い出の町です。その頃は田舎町でしたが、車で通るとビルなども建っていて街という感じでした。高原を出ると緩やかな起伏が続く田園地帯を走りました。

午後一時、元山市街に入りました。観光地、金剛山（クムガンサン）へ通じる入り口の街です。高層建築と古くて低い家屋が混在していますが、通りは車が流れ人が行き交い賑やかで、八十年前よりはるかに発展した感じの街になっていました。ホテルは海沿いの昔からの保養地にあり、由緒ある感じの造りで、二階の食堂の窓からは港を囲むように伸びる遊歩道があり、釣りをする姿も見えました。小さな桟橋には警備船らしい船もつないでありました。

午後二時、ホテルを出て市内見物へ。まず元山駅跡。足の治療や知人の家を訪問するときに通った場所、懐かしい待合室にはその頃の時間表がそのまま貼ってありました。駅舎に隣接する建物に見覚えのある「パシ」型蒸気機関車と三等客車が展示してありました。小さい頃暮らした咸興の鉄道官舎のすぐそばに、駅の構内から延びる線路があり蒸気機関車の音、煙や蒸気の臭いが日々の生活に溶け込んでいたので懐かしい友に出会ったような感じでした。広軌の機関車なので三つの動輪は私の背丈ほどあり、車体の先頭には「パシニ－3」と丸い標識もついています。屋内展示なので車体もきれいに磨いてあり今にも動き出しそうでした。一瞬父親が運転台から顔をのぞかせるような錯覚を感じました。訪朝で出会った最も嬉しい一時でした。

もっと見たい思いを抑えて三時に駅を離れました。元山港の通りで、あの「万景峰号（マンギョンボン）」が停泊しているのを見ました。以前は新潟との間を行き来していた船です。

広い松林を抜けて着いたのは「松濤園国際少年団野営所」という施設。野営といっても七階建てのホテルのような宿泊施設に四、五百人収容できそうな立派な音楽ホール、様々な学習室、野外には四百メートルトラックができそうなグラウンド、飛び込み台や滑り台付きの広いプールと贅沢な施設でした。

中庭の正面に、金日成・正日父子が子どもたちに囲まれている像があり、その前で説明を聞いて中に入りました。エントランスは大きなホテルのようです。ここでも金父子が施設建設にどのように関わってきたかを説明するコーナーがあり、そこを通って内部の見学になります。朝鮮の自然を知るための植物や動物が実物大に作られたホール、理科の観察や実験の器具が整った部屋、絵を描いたりデッサンをしたり作品を展示する部屋などがあり、展示されている作品も優れたものがありました。全体がオープンで興味を引き出しながら好きなことを学べるように考慮された感じでした。驚いたのは音楽ホールでした。三、四十人の小学校高学年ほどの子どもたちが合唱と朗読の練習をしていました。声も歌も良かったのですがホールの音響がとてもいい感じでした。一巡しての説明では、国外からもここを利用して子どもたちの国際的な交流があるということでしたが、ＰＲ臭も感じました。

最後に案内されたのは３Ｄ映画の映写室でした。眼鏡を渡され、椅子に座るとシートベルトを締め前の手すりを握るように指示され、暗くなると映写が始まりました。なんと市街戦の中を走り回る戦車の操縦席から見る情景です。目の前で爆弾がさく裂したり、直前を他の戦車が横切ったり、ぶつかりそうに迫ってきた戦車を破壊しながらビルの壁を突き破って進んだり、その度に座席が上下や前後に揺れるのです。最初から最後まで音も凄いし映像も激しい戦闘シーンの連続です。おしまいに砲声が止み青空が広がり、あの赤い星が浮かび上がる「紅藍五角星旗」が風に揺れるシーンで終わりました。時間的には五、六分だったでしょうか。少々気分が悪くなりました。外国からも来る子どもたちにこれを見せる意味やその影響、見せようと考え実行している事実に暗澹《あんたん》とした気持ちになりました。

子どもの育ちや発達、豊かな感性を大切にしようとするいろいろな施設を見た最後にこの映像を見せられ、驚きと同時に「先軍思想」の残りなのかと、この国のお国柄を垣間《かいま》見た気がしました。外に出ると、若い記者やカメラマンたちはグラウンドでサッカーに興じていました。四時三十分、施設を囲む広く美しい松林を通ってここを後にし、ホテルに帰りました。

15　七月三日、半島を西へ横断

五時半起床。荷物や記録の整理。疲れがじわーっと溜まっているがなんとか乗り切れそうな感じ。七時、同行の共同通信の記者などと話しながらの朝食。旅の終わり近くなって自然と会話が弾むようになりました。

薄曇りだった空が小雨に変わり、九時十五分ホテルを発ち元山の街を抜けると、間もなく緩い坂道にかかりました。朝鮮半島を東から西へ平壌（ピョンヤン）まで横断する重要な幹線道路です。初めに二百キロだった表示が十～二十キロ行く毎に数字が減っていきます。センターラインのないコンクリートの広い道路。交通量は少なく七十キロを超すスピードの時もありました。相変わらず相当に揺れましたが咸興～元山間ほどではありません。やはり幹線道路なのでしょう。

相当走った頃に、三日前に東へ向かって通った道を逆方向に走っていることに気づきました。長いトンネルをいくつか通り峠を越えたりする間もあちこちで街路樹の伐採作業を見ました。車の走行の邪魔になることなど余り構わずに作業が進められています。急に赤い旗で止められました。前方で大きな木の伐採があるというのです。見ると二十人ほどの男性が一本の樹を倒しているのです。五分もしないうちに木が道路を塞ぐように倒されました。これは時間がかかると思い車から降りて見に行きました。同行の報道の人たちも降りてきました。幹の太さが六、七十センチはありそうな松の木、しかも根元から三本に枝分かれしています。それを道路の外に持ち出すのに短く切る作業が始まりました。長い鋸を向かい合って二人で引く組、一人の男が幹の上に乗って大きな斧を振り下ろして切る組と、太い幹が切られていきます。枝を落とすのも斧です。チェンソーはありません。しかし作業はみるみる進んで、切り分けられた幹も総がかりの人の手で道路の外に運び出されました。その間二十分もかからなかったでしょう。少人数で機械を使い伐採・切断・搬出をするより時間は短いのではないかと思いました。原始的でのんびりした感じに見えながらてきぱきとした手際の良さに驚き、得難いものを見たと感じました。

作業を見ていた私たちが乗り込むと、道路に散らばっている小枝を踏みながら車が動き始めました。作業をしていた人たちの表情には「待たせて済まない」といった感じはなく、至極自然でした。反対側にも十台ほどの車が並んで待っていましたが、降りて様子を見たふうではありません。急がず、騒がずゆったり待つ、これもごく自然な情景でした。

二百キロ行程の中ごろは高原地帯です。道路が川に沿って走る個所が多くありました。東に行くときも見た道路が堤防になってはいますが向こう岸には堤防らしいもののない所が随所にあります。田や畑と河原との境目がないのです。中には以前堤防だったらしいが壊れたままの個所もありました。八〇年代、九〇年代に、北朝鮮は大水害に見舞われ、食糧危機に襲われました。その爪痕《つめあと》がまださまざまな形で残っているのか、復興に時間がかかっていると思いながら眺めることでした。

道路標識のキロ数が百を割り、車は徐々に平坦な田園地帯に入りました。道路の状態も良くなり、トウモロコシを中心とする農作物の生育も順調に見えます。人家の佇《たたず》まいも整っていて明るい農村風景といった感じになってきました。いつの間にか道路にセンターラインが引かれ、行き交う車の数も増えてきます。それでも道路脇の並木の伐採作業はあちこちで見られました。前方に白い三角の門、平壌の入り口が見えて来ました。市街地に入り、大同江を越えてホテルへ。

16　七月四日、平壌市内施設の見学

五時半起床。ホテルの食堂で朝食。簡素ですがたっぷりの食材です。外国人の姿も多く見かけました。九時半にホテルを出てまず玉流児童総合病院へ。広い通りを挟んで向かい側にも十三階建ての大きな白い建物があり、産婦人科の総合病院とのことでした。

私たちが見学した病院も相当に大きい建物でした。中に入るとまず全員靴の上から布でできたブルーのカバーを履かされました。壁面に子どもたちが遊ぶ様子が大きく描かれた壁の前で説明がありました。二〇一三年十一月十日にオープンしたばかりで、一～三階が外来診療、四～六階は入院施設で三百七十ベッド、小児科に関するすべての科があり、遊園地、遊戯室、公園、付属の幼・小・中の教室、ヘリポートもあるそうです。

壁も床も天井も白に近い薄いブルーで、廊下や部屋の壁には芸術大学の学生が描いたアニメ風の動物や子どもの絵、物語の挿絵のような絵があちこちにあり、いかにも子どもが喜びそうな感じでした。

小児総合病院ということで、内科、外科、レントゲン、心電図、超音波、ＣＴスキャン、リハビリなど全分野の治療ができるそうで、それぞれの診断や治療の現状を映像を通じて全ての科で同時に知ることができ、必要な専門分野とすぐ連絡ができ最適の処置ができるという説明でした。

リハビリの施設では、子どもたちが指導員と一緒に機材を使ったりマットで体を動かしたりしていました。相談室では和やかな感じで話し合いをしていました。院内教室の正面の壁には金父子の写真があり二、三人の勉強に指導員がついていました。幼児室の後ろのおもちゃの棚に自動小銃やタンクの玩具があり、ちょっと違和感がありました。診療面だけでなく、親子連れできたときに子どもを遊ばせる場所と

か、屋外にもゆったり過ごせる場所の配慮など、予想以上に設備の整った小児病院という感じを受けました。約一時間の見学を終えて、十時四十五分外に出ました。

次はすぐ近くの歯科と口腔の総合病院です。最初に、歯や口腔に関する治療は年齢を問わず行うという説明があり、まず初診の診察室です。歯科医院にある治療台が七、八台並んでいて初診の模様が映像にされ、その映像によってどの治療コースに行くのかが決まるのだそうです。実際に治療中の模様も見ましたが、患者が自分の治療状況を映像で見ながら治療を受けていました。子ども専用の処置室ではアニメのテレビを見ながら治療を受けられる治療台が六台ほど並んでいました。大人用の部屋には十台ほどずらっと並んでいて壮観でした。入れ歯をつくる技工室も見せてもらいましたが、素人にはよく分かりませんでした。歯医者の総合病院といった施設で、患者受け入れの面からも、治療技術の面からも一定の水準にあることが納得できました。案内の人も自信ありげでした。約一時間見学してそこを出ました。

両方とも、共和国にとっては最先端の医療施設なのでしょう。朝鮮戦争、軍備優先の国づくり、大水害など、多難の歴史を経てやっと民生の安定に手が届き始めた現状を紹介したいという気持ちが現れていて、宣伝臭《くさ》さも感じましたが、それ以上に命や健康を大事にすることに努力している姿を感じました。

昼食はビールが美味しいという評判の店に案内されました。店の中にビールの醸造設備があり、見せてもらいましたが確かに美味しいビールでした。部屋が幾つもある大きな食堂でしたが繁盛しているようで、客がひっきりなしに出入りしていました。旅の間、食事には良くビールが出ましたが、日本のアサヒやキリンのほかに土地のビールもあり、「飢えた国」というイメージとは縁遠い感じでした。ある所にはあって、それ以外の所では厳しい状態なのかもしれませんが、見ることができた範囲では多くの人が食べたり飲んだりを結構楽しんでいる現実を多く見ました。

ホテルで休憩した後、二時四十分、郊外の乗馬の施設見物に出ました。まず大きな木造の建物に入ると中は馬場でした。よく競馬の実況などで馬の紹介があるパドックほどの楕円形の馬場を、何頭もの馬が動いていています。高い天井からは光が射して明るく、素人目にも贅沢な造りです。馬はサラブレッドではなく以前霧島の牧園牧場にもいたアラブ系の馬ではないかと思いました。次に案内されたのは特殊な建物でした。金日成・正日父子がよほどの馬好きだったらしく、この親子がどんな馬に乗ったか、馬にどう接していたか、二人の指導で軍事的にも馬が重要な働きをしたことなどが、実物大の馬の像や多くの写真で展示してありました。そこに入る前になぜか写真撮影は止められたので映像はありませんが、二人が使用した乗馬靴、鞍《くら》、鞭《むち》、いつの時期にどの馬に乗ったかなどの紹介もあり、馬を通して二人の人柄と業績を示す場になっていました。

外に出て屋外の馬場に案内されました。一周六、七百メートルはありそうなトラックを一頭の馬がゆっくり回っていました。施設全体がゆったりとした広さで整備された乗馬施設という感じでした。なぜここを見学場所に選んだのかその意図をあれこれ考えるより、二度と見られないものを見たことを好運としましたが、やはりここも金父子の存在を感じさせる意図があると思いながらも退屈しない施設見学でした。

次は市街地にあるサーカス場でした。日本ではサーカスは広場に臨時にテントを張ったりして行われますが、ここは立派な劇場でした。千数百人は入りそうなブルーの座席が円形に作られ、その奥に舞台があります。天井は高く空中ブランコに十分な空間がつくられていました。座席は指定で、高校生や中学生らしい集団に一般の家族連れらしい姿も交じっていて、開演時刻には八割ほどが埋まりました。演技はスリルに富みスピード感もあり水準は高いと思いました。空中ブランコで女性が一度ネットに落ちました。それほどきわどい技なのかもしれません。演技者はみんな国家公務員で、高い技能の称号を持つ人も多数いるのだそうです。約二時間、平壌見学の最後にとても楽しい思いをさせてもらいました。会場を出たのは六時半でした。

17　食事のことなど

北朝鮮滞在九泊十日のうち五泊は、平壌（ピョンヤン）の「平壌高麗ホテル」でした。四十五階建てのツインタワー、客室五百、朝食は決まった食堂でバイキング、メニューはほぼ一定でしたが、ご飯、粥、パンも三、四種類、野菜も新鮮で飽きはきません。キムチは日本で食べるのより辛くなく、日々品も味も変わりました。リンゴとジャガイモは特に美味しく、皆さん好評でした。リンゴが美味しいという評価は私をうれしい気持ちにさせてくれました。

夕食の多くは外に案内されました。焼き肉だったり水炊きだったり、一同美味しく食べました。同行の女性二人が旅の間に誕生日でした。その晩はバースデーケーキが用意され、細かなところまで気が配られていると思いました。

食事に関しては、私たちが体験した範囲だけでは、マスコミで報じられるひどい食糧不足で餓死する子どももいるという状況は感じられませんでした。ホテルには多くの外国人、それも北欧からの来訪者が多いのだそうですが、みんな旅を楽しんでいる感じでした。

案内をしてくれた共和国外務省の人の話から二つほど。一つは道路の並木の伐採作業についてです。ポプラは雌雄異株で花の季節が過ぎると雌木は大量の綿毛を飛ばし、花粉症に似たアレルギー性鼻炎で悩む人が多い。それで雌株を切ったり、雌株に雄木を接いだり、雄木の若木を植えたりしているのだそうです。寒い朝鮮でも成長が速く、木材や薪炭用には適しているのかも知れません。もう一つは次のような話でした。平壌の人口は二百五十万人、北朝鮮二千五百万人の十分の一が暮らす都市、その平壌はこんなに賑わっているが地方はこれからだという話の途中で、横から声が掛かり、それがきっかけで話題が切れました。話しぶりや表情から民族統一を語りたかったのではないかと思いました。残念なことをしました。ちなみに朝鮮民族は、現在、韓国に五千万、北朝鮮に二千五百万、その他世界各地に一千万いるのだそうです。

18　七月五日、朝鮮を離れる日

朝食を済ませて七時半、ホテルの前でみんな揃って記念写真。馴染みになったマイクロバスは平壌駅前のロータリーを回って、人民大学習堂、軍事パレードがある金日成広場を通り空港へ。飛行機はツポレフＴＵ２０４―１００。ほぼ満席でした。滑走路に向かう窓の景色がとても懐かしく感じられました。八時八分離陸。朝鮮の人家や田畑がどんどん小さくなっていきました。十分も飛んだかなと思ううちに眼下に大きな川が見えました。中国と朝鮮の境を流れる鴨緑江だと思いました。この上流に水豊ダムがあるのです。日本が植民地支配をした時期に、興南コンビナートをはじめ朝鮮での工業を支えた電力は、この川の水系で作られたのです。飛行機はそんな事実や歴史、私の気持ちなどお構いなく、中国の上空を飛びました。九時二十五分過ぎ、今まではっきり見えていた山々の襞《ひだ》や緑がぼやけてきました。それがどんどんひどくなり、九時四十五分には窓から見えるものは灰色の空間だけになりました。これが北京の空なのかと思っているうちに、十時五十分北京空港に着陸。視界が悪くなり始めて着陸まで約一時間、鹿児島から大阪空港ほどの空がスモッグなのか、いや単なる曇りだったのではないかと考えながら機から出ました。

行きと同様、北京空港は広大で移動する距離も長い空港です。飲食店街のような所で昼食をすまし、デパートともコンビニともしれない売り場を抜け、歩いたりエスカレーターや電車を乗り継いだりして、やっと羽田への出発ロビーに着きました。ドゴール・シンガポール・ヒースロー・インチョン（仁川）なども大きいと思いましたが、北京はただっ広く利用者にはやや難儀な空港です。ロビーで疲れを休めて、四時五十分機内へ、飛行機はボーイング767—100。待つこと長く、動き出したのは五時三十八分、滑走路に出ても離陸は六時十二分でした。飛行機は飛び上がってしまうと速いのですが飛び上がるまでが厄介な乗り物です。羽田には九時前に着き、翌日昼前に鹿児島空港に帰り着きました。到着ロビーには地元のメディアが何人もいて驚きました。その足で溝辺の岩元一族の墓所に行きましたが、報道陣がそこまで来たのにはさらに驚きました。

我が家に帰り着いて、改めて、旅の報告をすべき母と兄がいないことの空白感というか淋しさを感じました。日本が侵略の手を伸ばした地域は、西はミャンマー（ビルマ）とバングラデシュの境、北は満州（中国東北部）とモンゴルの境やアリューシャン列島まで、南はソロモン諸島のガダルカナル島、東はハワイ島というとんでもない広い地域にまで戦争を広げたのです。そしてその広く遠い戦場となった多くの地域で多くの人が死んだのです。北朝鮮だけでなく、旧満州や、中国、東南アジア、太平洋の島々や海のどこで死んだのか、どのような状況だったのか、肉親にも知らされないまま歴史は過ぎていきます。それらの人々の存在を語り伝える人すら少なくなっています。

中には遺骨の収集が進んでいるところもありますが、それはほんのわずかです。なかでも北朝鮮は、埋葬されている場所が分かっているのに収集ができないただ一つの地域です。人道上からも解決すべきことです。日本政府に過去の歴史的事実を踏まえた冷静な語り掛けを北朝鮮にすることを望みます。戦争はいつの時代もこのような理不尽な事実を歴史の中に残してきたのです。二十一世紀はそのようなことを一つひとつ解きほぐす世紀にすべきです。

私は今も、北朝鮮との国交が開かれて、リンゴの花の咲く初夏に、あの祖母と父を埋めた丘に行く、そんな夢をあきらめずに持ち続けていきたいと願っています。

第四章　墓参を終えて思うこと

一、隣の国を知らない人々

北朝鮮への墓参を終えて北朝鮮や韓国のこと、朝鮮と日本との歴史的なつながりなどについて聞かれたり、話したりする機会が増えました。そこで改めて考えさせられていることは、多くの日本人が北朝鮮だけでなく韓国について、特に朝鮮と我が国との歴史的なつながりについて知らないことです。日本が朝鮮半島全体を植民地として支配していたことすら知らないか、知っていてもあいまいな認識しか持たない人が多いのです。植民地支配の具体的な実態についてはなおさらです。

私が中学校の教員だった頃、朝鮮生まれだというと「先生は朝鮮人？」「在日なの？」と尋ねる生徒がいました。それも単なる疑問というより何となく軽蔑するような感じのする言葉遣いなのです。親しくすべき隣国について、これといった事実は知らないのに、蔑視する感情は育っているようなのです。私たちが戦後七十年も経てやっと墓参に行けたことや、敗戦後の朝鮮で過酷な体験を強いられたことなども、北朝鮮が厄介な国だからだろうと思っている人もいます。

一九四五（昭和二十）年八月、日本の敗戦で、第二次世界大戦（太平洋戦争）が終わった時、朝鮮は日本の植民地支配から解放されました。しかし、それまで朝鮮に駐留していた日本軍の武装を解除し、日本の支配を終わらすために、北緯三十八度線を境にして、南半分にアメリカ軍が、北半分にはソ連軍が進駐し、二つの国の支配の下でそれぞれが別の国として独立することになりました。朝鮮が二つに割れたのは、日本が朝鮮を植民地支配していたことと、戦後の世界が米ソ対立の冷戦状態になったことが主な要因なのです。朝鮮の人々は一つの国として独立することを望んでいたのです。日本が朝鮮を植民地にしていなかったら二つに分断されることはなかったでしょう。南北朝鮮の多くの人々は今も一つの国になることと、南北統一を望んでいます。

二、日本と朝鮮との長いつながり

農耕や文字、仏教などが朝鮮を経て日本に入ってきたといわれるように、日本は奈良・平安よりずっと前、まだ国として一つにまとまっていない古代日本の時代から、九州や西日本の小国家が朝鮮と行き来して、多くの文化を吸収したり相互に関係したりしてきた歴史があります。

四世紀から五世紀にかけて大和政権は、朝鮮半島の南部にあった百済や新羅に侵攻したり、北部の高句麗と戦ったり、五世紀には朝鮮南部に進出し任那《みまな》を植民地とし、それを六世紀には失ったりしています。

また七世紀には大化の改新のあと、朝鮮に進出しようとした日本の水軍が白村江の戦いで敗れたなどということを、中学・高校の歴史で学んだ人も多くいます。このように日本と朝鮮の関係には文化や産業の面だけでなく、日本が攻め込んだり占拠したりした事実も多いのです。

朝鮮は、一三九二年に、李氏が朝鮮を統一し、一九一〇年の「韓国併合」まで五百年余りの間、一つの国として統治してきたのです。日本の歴史で見れば室町時代から明治時代までの長い期間李王朝が続いていたのです。

日本が朝鮮に侵攻したことでもっとも知られている事実は、一五九二年から九八年にかけて豊臣秀吉が日本中の大名を朝鮮に出兵させた「文禄の役」「慶長の役」でしょう。この時は日本の軍勢が朝鮮各地を戦乱に巻き込み、多くの民衆を殺し国土を荒らしました。韓国では、この戦乱で日本の軍勢と戦った朝鮮水軍の名将、李舜臣（イスンシン）を今でも民族の誇りとして各地に銅像が建てられています。

江戸時代には江戸幕府の将軍の代替わりなどに朝鮮通信使が来日し双方が土産物を交換したりして、一定の友好関係にありました。

このように現在は韓国と北朝鮮に分かれていますが元々は一つの国として日本と行き来していたのです。

三、「韓国併合」とは？

このような両国の歴史を経て、日本は一九一〇（明治四三）年に「韓国併合」によって当時「大韓帝国」と呼んでいた朝鮮全土を植民地にしました。一般的に植民地にするのは軍事力で「占領」するとか、交渉や条約で「合併」するといいますが、大韓帝国（以後「韓国」と表記する）の場合だけ「併合」と特殊な表現です。これには日本側に「併合」とする狙いがあったのです。「占領」では武力で奪い取った感じがする、「合併」では双方が対等な立場で一つになる感じが残る。そうではなくて韓国という国が消滅して日本に吸収されたことを表すために「併合」ということばを使ったのです。そのことを取り決めたのが「韓国併合条約」です。その一条、二条には次のように書かれています。

第一条　韓国皇帝陛下は韓国全部に関する一切の統治権を完全かつ永久に日本帝国皇帝陛下に譲与す。

第二条　日本国皇帝陛下は前条に掲げたる譲与を受諾しかつ全然韓国を日本帝国に併合することを承諾す。

これを読むと、韓国皇帝が自分から韓国の統治権を譲り渡すと申し出て、日本の天皇はその申し出を承諾し韓国をもらい受けたということになっています。一つの国が特別な強制もないのに自国の領土や統治権を他の国に差し出すということがあるでしょうか。朝鮮の人々はこの条文は事実を述べていない、武力によって押し付けられた条約だと主張し続けてきました。しかし日本政府は締結当初から「両国が対等な立場、自由な意思で取り決めた、法的に有効な条約だ」という立場をとり続け、一九四五年に植民地支配が終わった後も、それから七十年余り経た現在も、基本的にはこの立場を変えていません。これは朝鮮の人々にとって認めることのできない屈辱的なことなのです。

私の手元に、海野福寿著『韓国併合』、山辺健太郎著『日本統治下の朝鮮』、趙景達著『近代朝鮮と日本』、吉岡吉典著『韓国併合一〇〇年と日本』など朝鮮に関する本が数冊あります。これには、前述したように、日本は奈良・平安の以前から何度も朝鮮に侵攻していますが、日本が朝鮮や朝鮮民族から攻められた歴史的事実は見当たりません。

十九世紀になると欧米諸国がアジア・アフリカに植民地を広げ始め、二十世紀にはその動きが東アジアでも強くなりました。江戸時代の末の頃です。

明治時代になり、日本の明治政府も軍事力で朝鮮を支配しようとする動きを強めました。主なことだけを挙げると、一八七五年の江華島事件で韓国に不平等条約による開国を強制しました。さらに一八八二年に漢城（現在のソウル）で朝鮮政府や日本の朝鮮進出に不満を持つ兵や市民を中心とする壬午（ジンゴ）軍乱が起こると、日本は軍隊を派遣してこれを鎮圧したのを機会に朝鮮政府への内政干渉を強めました。一八九四〜九五年に朝鮮に強い影響力を持っていた清国（当時の中国）と日清戦争をして勝ち、朝鮮への支配権をさらに強めました。一八九五年には日本に反抗する大韓帝国の王妃（皇后）閔妃《びんひ》を殺害するなど、武力による支配を強めました。

そして、一九〇四年から一九〇七年の間に三度も日韓協約を結び、韓国の政治を牛耳《ぎゅうじ》るために「韓国統監府」を設置し初代統監に伊藤博文が就任、大韓帝国を日本の保護国とし外交権も奪っています。そうしたことを重ねた結果、軍と警察で王宮を包囲して無理やり結んだのが「韓国併合条約」なのです。

四、併合後の朝鮮と日本

韓国併合の後、日本は朝鮮の農業や工業などの産業、さらに人々を含めて、朝鮮全土の資源を、日本がアジア大陸へ侵攻するために最大限に利用しました。田畑の多くは日本人や日本企業が買い占め、日本向けの米の生産や綿花栽培、養蚕を強制しました。その一方で土地を奪われた農民は農業労働者になったり、職を求めて日本などに移住し、無権利で貧しい生活を強いられたりしました。

こうした植民地支配に反対する抵抗も根強く続きました。一九一九年の「三・一運動」はその代表的な事件ですが、これも軍や警察の力によって鎮圧されました。

日本は力で朝鮮を支配する一方で、朝鮮の人々を日本に同化させようとしました。朝鮮語教育を禁止し、各地に日本の神社を作り、一九四〇年には「創氏改名」といって、朝鮮にはなかった「氏」を単位とする家族制度を導入し、姓名を日本名に変えさせました。朝鮮人を天皇に忠誠を尽くす帝国臣民とするために、朝鮮人が通う学校では日本語で授業をし、日常生活でも日本語を使うことが強要されました。私が十四歳まで朝鮮で育ったのに朝鮮のことば（ハングル）を知らないのはその現れです。朝鮮では血族を大切にします。その民族が受け継いできた言語や姓名、民族の誇りを奪われ、他民族の言語、氏名、宗教を押し付けられたのです。

さらに朝鮮の人を日本の軍隊に入れるために志願兵制度や徴兵制度を実施し、「徴用」といって強制的に集めた人を主に日本の炭鉱や軍事工場、土木工事、飛行場建設などの重労働に従事させました。日中戦争が始まる頃から第二次世界大戦（太平洋戦争）が終わるまでの間に、朝鮮から戦争に動員された人数は、日本に徴用された人が約百万人、うち最低推定でも六万人が死亡、朝鮮内動員が四百五十万、軍人・軍属が三十七万、うち十五万は行方不明、総計約六百万人が戦争のために駆り出されたのです。なかには戦死して靖国神社に合祀され、遺族が取り消しの裁判をおこしましたが敗訴したという事例もあります。「従軍慰安婦」の事実もこうした中で起こった、日本による民族と人間の尊厳を踏みにじった行為なのです。

戦争との関係以外でも、一九二三年の関東大震災のときには、戒厳令が敷かれるなかで社会を不安にするという理由で、軍や警察が革新的な運動をする人々を弾圧したのと同時に、「朝鮮人が暴動を起こす」などのデマを流し、一般住民を扇動して数千人の朝鮮人や中国人が虐殺されました。国の正式な組織である軍と警察が、一般住民と一緒になって無実の人を殺すなどということは許されることではありません。この虐殺事件について責任を問われた者がいないことも異常なことです。

こういった歴史的事実が起こる底流には、「韓国併合」以前から日本人や日本社会の中にある「朝鮮蔑視」「朝鮮にたいする差別意識や感情」があると考えます。

例えば、江戸時代の末期、鎖国の決まりを破って出国しようとして失敗し、一八五九年安政の大獄で処刑された吉田松陰は、時代の先を見通した人物として評価されていますが、彼は日本がアジアを征服するためにはまず朝鮮を攻めて支配すべきという考えを持っていました。彼が開いた松下村塾の塾生、伊藤博文は韓国併合の中心的推進者であり、朝鮮支配の中枢機構となる統監府の初代統監です。

また、福沢諭吉は欧米諸国の政治体制や文明開化の進展に着目し、日本もそれに遅れてはならないと考え、「学問のす、め」などで個人の独立が国の独立の基礎になるといっていましたが、韓国をはじめアジアの国々に対して未開の国という差別感を持つようになりました。そして日本も欧米と同じように朝鮮や中国を植民地支配すべきだという「脱亜論」を主張し、「韓国併合」以前の一八八二年に韓国の漢城（現在のソウル）で韓国の将兵が壬午軍乱を起こしたときに、日本は軍隊を派遣して鎮圧し韓国の政治の実権を握るべきだと主張しています。一八八四年の甲申政変では、金玉均などを支援して韓国政府の転覆を図っています。

これ以外にも、明治初期に木戸孝允や西郷隆盛など多くの政治家が主張した「征韓論」など、日本では朝鮮支配の動きや議論が繰り返されています。

五、百年を超える対立

このように朝鮮を支配しようとする流れは古くからあり、明治政府になって急に動き出したのではないのです。しかし軍事力を背景にして強引に朝鮮を植民地化したのは明治政府です。ただ国の方針として力ずくで奪い取った（朝鮮では「強占」されたといいます）となれば、朝鮮の人々の反感が激しくなり、国際的にも批判を受けることになるので、「韓国併合条約」は「双方が対等の立場で、自由な意思に基づいて締結された　法的には合法で有効な条約」という建前を取り、日本国民にもそう説明し納得させてきたのです。そしてこの態度が基本的には今も変わっていないのです。

しかし条約締結に至る事実、条約締結後の数々の事実をありのまま見れば、力で無理やり押し付けた条約であり、朝鮮民族の意志に反して朝鮮の人々を苦しめる植民地支配が実行されたことははっきりしています。日本でもこのことに真面目に向き合う動きも強く、歴史研究の面でも、政治の面でも度々議論されてきました。

その例をいくつか紹介します。まず一九九三年八月に、当時の河野洋平内閣官房長官が「慰安婦」問題に関する談話の中で両国の歴史に対する考えを次のように述べています。次はその一部です。

われわれはこのような歴史の真実を回避することなく、むしろこれを歴史の教訓として直視して行きたい。われわれは、歴史研究、歴史教育を通じて、このような問題を永く記憶にとどめ、同じ過ちを決して繰り返さないという固い決意を改めて表明する。

これに続いて一九九五年以降、村山富市、橋本龍太郎、小渕恵三など各首相が、日本として反省すべき支配だったという見解を述べてきました。

なかでも、一九九八年に、小渕恵三首相と韓国の金大中大統領が共同宣言した「21世紀に向けた新たな日韓パートナーシップ」は重要です。その一部を紹介します。

両首脳は、日韓両国が21世紀の確固たる善隣友好協力関係を構築していくためには、両国が過去を直視し相互理解と信頼に基づいた関係を発展させていくことが重要であることにつき意見の一致をみた。

小渕総理大臣は、今世紀の日韓両国関係を回顧し、我が国が過去の一時期韓国国民に対し植民地支配により多大の損害と苦痛を与えたという歴史的事実を謙虚に受けとめ、これに対し、痛切な反省と心からのお詫びを述べた。

金大中大統領は、かかる小渕総理大臣の歴史認識の表明を真摯に受けとめ、これを評価すると同時に、両国が過去の不幸な歴史を乗り越えて和解と善隣友好協力に基づいた未来志向的な関係を発展させるためにお互いに努力することが時代の要請である旨表明した。

とても素晴らしい共同声明だと思います。この内容で両国が友好を深めていれば今のような状況にはならなかったでしょう。しかしこの時にも双方の見解のずれが解消されずに残されました。日本は道義的には植民地支配の歴史的事実を認め謝罪をしています。しかし「条約は法的には国際法として『合法』に成立している」という立場には触れずにこれを変更するとは表明しませんでした。

私は朝鮮に関する文献や自分の体験を踏まえて、この「法的には合法に成立し効力を有する条約」であるという説に納得できません。この私の判断の基礎になった一冊が海野福寿著『韓国併合』（岩波新書）です。これには明治政府が武力を背景にしながらいかに意図的に、狡猾に朝鮮の植民地化を進めたかが詳しく述べられています。両国が対等平等だったとは言えません。

ところで海野福寿氏はこの本の「あとがき」に次のように書いています。

韓国併合は形式的適法性を有していた。つまり国際法上合法であり、日本の朝鮮支配は国際的に承認された植民地である、という平凡な見解である。だが誤解しないでほしい。合法であることは、日本の韓国併合や植民地支配が正当であることをいささかも意味しない。当時、帝国主義諸国は、紛争解決手段としての戦争や多民族支配としての植民地支配を正当視していた。彼らの申し合わせの表現である国際法・国際慣習に照らして、適法であるというにすぎない。

日本の明治時代は一八六八年から一九一二年までです。この時代はイギリスがインドやミャンマー（ビルマ）を、フランスがインドシナを、アメリカがハワイやフィリピンを植民地化していった時期で、帝国主義諸国の立場や常識で見れば、日本の韓国併合も合法といえるだろうということです。そのような説や態度が当時は通用しても、現在も通用するとは考えません。しかしこの考えや立場を今も引きずっている人が日本には相当いるし、国としてもこの立場・見解なのです。そこに日本と朝鮮（韓国・北朝鮮）の対立やずれの最も根深い根本的な原因があると考えます。

六、もう一つのずれと対立

私は八歳の年、一九四〇（昭和十五）年に初めて日本の地を踏みました。父が生まれ育った鹿児島県の溝辺に、家族で帰国というか里帰りの旅をしたのです。釜山から関釜連絡船で下関に渡り、当時は関門トンネルがなかったので下関からまた船で門司に渡り、そして門司港駅で初めて日本の鉄道を見ました。機関車も客車も小さいのに驚きました。朝鮮の鉄道は広軌といって幅が広く、今の新幹線とほぼ同じですが日本の鉄道は狭軌なのです。初めての日本に描いていたイメージが一つしぼんでいった記憶があります。

日本が植民地朝鮮で実行した開発、建設、整備、生産といった諸施策は当時の日本の状況をしのぐものがありました。私の記憶では、生まれ育った街、咸興府の郊外に出ると、きちっと四角に区切られた田んぼが広がり、水路がひかれ耕地整理がされていました。隣町の興南には日本窒素の大きな工場があり、煙突からはいつも煙が出ていて、社宅が並び、大きな共同浴場もありました。小さな寒村だったところが日本最大の化学コンビナートになっていたのです。

そういうことが重なって、韓国や北朝鮮が今のようになったのは日本の領土だったからだと考える人が大勢います。それが一般の人だけでなく政治や外交に携わる人の中にもいるのです。

確かに朝鮮での米の生産に関する統計を見ると、韓国合併の一九一〇年から一九三一年までの二十年間に米の収穫高は一六〇%近く増えています。一方、収穫高の六〇%が日本に移出されています。この間朝鮮の人口は増えたのに消費できる米の量は増えていないことになります。おまけに粟などの雑穀の輸入は増えています。この時期は一九一八年に日本で米騒動が起こった時期と重なります。朝鮮での米の増産は日本のためだったことが分かります。

朝鮮と中国の東北部（満州）の国境を流れる鴨緑江に、琵琶湖の半分ほどもある水豊ダムがあります。これを中心に朝鮮北部に作られた十カ所余りの発電施設の総発電能力は二百万キロワットだったといわれ、一九四〇年当時の日本本土の水力発電能力とほぼ同じです。この電力を使って発展したのが日本窒素を中心とする工場群です。日窒コンビナートと呼ばれ、水俣のチッソはここから発展したのです。私が生まれ育った咸興府のすぐ近くの興南にその工場がありました。

このように日本が朝鮮で実行した開発や建設や増産は、朝鮮のためというより日本にとって必要だったのです。

戦後日本と韓国の間で国交を正常化しようと交渉が始まったのは一九五一年ですが、ここまで述べてきたように両国の間には見解の相違や対立があったので交渉は順調には進みませんでした。なかでも次のことが大きな対立点でした。

一九五三年の日韓会談で、日本首席代表の久保田貫一郎氏が「日本は朝鮮に鉄道、港湾、農地を作った。多い年で二千万円も持ち出していた。当時は日本が行かなかったら中国かロシアが入っているかもしれない」と発言したのです。これは日本の植民地支配を正当化し美化する発言です。さらに日本の一部のマスコミが「日本は韓国には屈しない・朝鮮統治には功罪両面がある」と久保田発言を擁護したのです。韓国側は反発し交渉が中断しました。

交渉は再開されましたが、十二年後の一九六五年の交渉で、首席代表委の高杉晋一氏（三菱電機相談役・経団連経済協力委員長）が「日本は朝鮮を支配したというけれども、我が国はいいことをしようとした。日本は朝鮮に工場や家屋、山林などみな置いてきた。創氏改名も良かった。それは……搾取とか圧迫とかいったものではない。……」と発言し交渉はまた中断しかけましたが、なんとか続行して交渉開始以来十四年もかかって「日韓基本条約」として締結され、日韓国交が回復しています。これは両国のずれと対立が根深いことを表しています。

しかしこの時も、条約締結に調印した佐藤栄作首相と朴正熙（パクチョンヒ）大統領は、明治時代の「韓国併合条約」が合法で有効なのか、強制されたもので無効なのかという対立点を曖昧にしたまま締結したので、韓国で激しい反対運動が起こりました。

同時に締結されたのが、現在問題になっている「日韓請求権協定」です。この協定は、韓国の経済発展を強く望んでいた朴大統領の要望に沿って、日本が韓国の経済発展に協力するという名目で「無償三億ドル、有償二億ドル」を払い、請求権については「完全かつ最終的に解決」したとし、これ以後、韓国でも徴用工被害者の不満や要求が封印されてきたのです。

このように国交再開にあたっても対立やずれが完全に解消されないまま事態が動いてきました。「併合条約」は力によって無理やり締結されたのか、双方合意して合法的に成立したのか、また日本の植民地支配は「善意の悪政」だったのか、民族の誇りを傷つけ苦痛を与えるものだったのかを、今一度歴史的事実に立って問い直すべきです。

私は、日本が植民地朝鮮で行った開発、建設、国土整備、民族同化といった諸施策は突き詰めれば日本がアジアに侵攻するためのもので、朝鮮を植民地支配することがなければ太平洋戦争に至る戦争の歴史もあり得なかったと確信しています。

七、今度こそ対立を相互の努力で

この文章をまとめている途中で、いわゆる「徴用工問題」が持ち上がりました。

昨年、二〇一八年十月三十日、韓国大法院（最高裁判所）が日本の植民地時代に朝鮮から強制的に日本に連れてこられて働かされた人たち（これを「徴用工」という）が「新日鐵住金」に対し謝罪と慰謝料を求めた訴えで、韓国人元徴用工への損害賠償を命じる判決を出しました。

この判決に対して「新日鐵住金」ではなく安倍首相がすぐ反論しました。「元徴用工の請求権については一九六五年の『日韓請求権・経済協力協定』によって完全かつ最終的に解決している。判決は国際法に照らしてありえない、間違った判決だ」と判決を否定し、韓国を非難しています。

この請求権問題は以前から国会や裁判などで論議されていますが、安倍首相の主張はそれらを踏まえた発言にはなっていません。論議されてきた例を紹介します。
（1）一九九一年八月二十七日、当時の外務省条約局長、柳井俊二氏が参院予算委員会で、「日韓請求権協定の第2条で両国間の請求権の問題が『完全かつ最終的に解決』されたとしていることについて『これは日韓両国が国家として持っている外交保護権を相互に放棄したということ』であり『個人の請求権そのものを国内法的な意味で消滅させたものではない』」と明言しています。
（2）二〇〇七年四月二十七日、日本の最高裁は中国の強制連行被害者が西松建設を相手にした裁判で「日中共同声明で（個人が）裁判上訴求する権利を失ったとしながら（個人の）請求権を実体的に消滅させることまでを意味しない」と判断し、日本政府や企業による被害の回復に向けた自発的対応を促しました。そこで西松建設は被害者に謝罪し和解金を支払い和解しました。
（3）二〇一八年十一月十四日、今度の徴用工問題が起こってからも、衆議院外務委員会で河野太郎外相（当時）が共産党の穀田恵二議員の質問に対して「個人の請求権は消滅していない」と答弁しています。
このように国と国との関係では請求権がなくなっても、損害や待遇に対する個人としての請求権は消えていないというのが、日本政府、日本の最高裁、韓国大法院、そして韓国政府の一致した判断なのです。安倍首相の「請求権問題は解決済みだ」と繰り返す主張はこの事実を無視したかたくなな言い分であり態度です。ところが日本のマスコミはこのような事実を詳しく報道せずに、安倍首相の「韓国が国際法に違反している」「韓国が悪い」といった言い分を無批判に、時には増幅するような表現で報道し、「嫌韓」ムードをあおっているのが現実です。

両国のぎくしゃくは請求権問題にとどまらず、日本が対韓貿易で半導体材料の輸出規制を厳しくしたり、韓国をホワイト国からはずしたり、韓国は軍事情報の協定を破棄したりと、貿易や安全保障の分野にまで対立が深まっています。そういった流れの中で「あいちトリエンナーレ二〇一九」の企画展「表現の不自由展・その後」が政治的圧力や脅迫によって一時中断させられました。

河村たかし名古屋市長や松井一郎大阪市長が「『慰安婦』問題は完全なデマだ」などと歴史的にも確固とした事実を否定した発言をし、菅官房長官は企画展に対する政府補助金交付は精査の要があると言い、企画展の中止を容認する態度を見せました。これらは国際社会では通用しない歴史を偽る動きです。多くのマスコミもこれらの動きを無批判に報道するだけで客観性を欠き、厳正に批判する姿勢ではありません。その後、企画展は表現の自由を守る運動の力によって再開されましたが、補助金の交付は止まったままです。

書店には朝鮮や韓国を「悪者」視し、「嫌韓」感情をあおる書籍が溢れています。安倍首相は朝鮮、韓国を悪者呼ばわりすることで政権の支持率を高めているともいわれています。

私たちはこのような歴史を偽造する動きを許した結果、大きな誤りを犯した歴史的体験を持っています。地理的にも、歴史的にも、文化的な人的交流の面からも、切っても切れないつながりを持った隣国です。両国の関係が悪化したり、対立が激しくなったりしたときこそ、歴史がどのように動いてきたのか、少し長い目で両国のつながりを冷静に見つめ直し、歴史的事実を踏まえた判断をする必要があります。

八、むすびにかえて

北朝鮮が核実験をしたり、ミサイルを繰り返し発射したり、拉致問題が報道されたりするたびに、少年時代に見たリンゴの花が咲く丘、父と祖母の遺体を埋めた丘を思い出します。

北朝鮮で生まれ、鉄道官舎でなんの屈託もなく遊びに夢中だった幼少期から、戦争に敗れ生き残った母と子五人で北緯三十八度線を南へ脱出するまでの十四年間、その大方は平穏で楽しい日々でした。自分たちの生活が日本による朝鮮の植民地支配の上に成り立っていることなど露にも意識したことはありませんでした。敗戦で支配の仕組みが崩れ家族が失われていくなかで、それまで知らなかったことに気づかされ、朝鮮支配の歴史をたどることになりました。

日本と朝鮮との間には二千年を越す歴史があり、そこには平和で友好的な関係が長く安定して続いた時期があります。明治以後の武力と脅しによる植民地支配はその歴史の一部分です。しかしその歴史的事実は消えないし消してはなりません。日本人としても個人的にもこの事実に誠実に向き合いながら、微力ではあっても両民族の現在と未来のために何ができるか考えたいと思います。

その思いの原点にあるのがやはりあのリンゴの花の咲く丘なのです。二〇〇三年三月から四月にかけて、網膜剥離で鹿児島大学病院眼科病棟に入院中に、アメリカ軍によるバグダッド進攻が始まり、無抵抗に見えるイラク軍と市街地に打ち込まれる米軍の砲弾。あの黒煙や火柱の下で、まず子どもたちや年寄りが逃げまどい、死んでいくことを思い、長い間心にしまってきた北朝鮮で亡くなった祖母への思いを書き留めておこうと綴ったのが次の詩です。

土　着てますか　　　　　二〇〇三・〇四

如月《きさらぎ》
北緯三十八度線の彼方
朝鮮、咸興（ハムフン）府郊外の
丘も河も凍てつき尽す二月が来ると
僕は十三歳の少年に返り
このことばを繰り返す。

「おばあちゃん　土　着てますか」

一九四六年二月
街では、飢餓と寒さに耐え

辛うじて敗戦の年を越えた命を
発疹チフスの猛威が襲い
弟が死に　父が逝き
九人の家族は六人となり
強制隔離と死体処理が
茶飯事となった。

「おばあちゃん　土　着てますか」

さらに母、兄、弟が発病し
隔離病院に強制収用された翌日
十日　払暁
発病を自覚しながら
強制収用を拒否したあなたは
早鐘のように打っては止まり
止まっては打つ
鼓動も間遠になり
ただおろおろと

祖母・古河タケ、昭雄、ハルエと浩、久臣

あなたの胸を抑える僕に
命の合図を送る力も尽きて
七十二歳の生涯を終えた。
夜通し自動小銃の弾が
遠く近く冷気を裂き
六歳の妹と僕は
ただ朝を待った。

「おばあちゃん　土　着てますか」

街にやっと
冷たい日が差し始め
僕は、若い日本人二人と
大八と菰を準備した。
あなたはその菰にくるまり
急な階段をずるずると降りて
大八に乗せられ、僕は
菰を結んだ縄の端を握ったまま

車の後を歩いた。
十三歳の孫一人の野辺の送り。
「おばあちゃん　土　着てますか」

あなたが行き着いた場所は
硬く凍った赤土を　氷になった雪が
薄く　また厚く覆った丘の　中腹の穴。
そこに　僕は　あなたを
転がすように置いてきた。
畳四枚ほどのその穴には、
あなたと同じように　菰に包まれ、
どす黒く硬直した顔や手や、　足や背中を
寒風に晒したむくろが、　幾重にも幾重にも重なっていた。
「おばあちゃん　土　着てますか」

丘の斜面に

無数に掘られたその穴は
前年の秋、結氷期に入る前に、
狩り出されるように集められた日本の男たちが
この冬を越せない命のために、準備した穴。
自らが掘った穴に捨てられた男も数知れない。
凍てつく土は　春まであなたの上には盛られないまま
カラスが舞い　野犬が徘徊《はいかい》していた。

「おばあちゃん　土　着てますか」

カライモ士族[注1]と呼ばれても
村では旧家の末の娘に生まれ
誇り高く育てられたあなたは
若くに夫を失い　女手で二人の娘を育てた。
その長女が　遠い朝鮮でお産をする度
あなたは、霧島の麓から玄界灘を越え
孫たちの命を取り上げた。

「おばあちゃん　土　着てますか」

長女は、戦の末期に
最後の孫を身ごもった。
朝鮮海峡に蠢《うごめ》く潜水艦の危険や
再び帰る約束の有無などを知ってか知らずか
敗戦を予知した軍高官の家族たちとは逆方向に
関釜連絡船に身を託し　あなたは
何度目かの渡鮮に踏み切った。

「おばあちゃん　土　着てますか」

あなたがとりあげた
最後の孫は　戦の直後に
まともな治療も果たせず逝った。
婿殿も　もう一人の孫もあなたより先に逝った。
あなたを看取るべき娘は
あなたの孫二人とチフス患者収容所に運ばれ

あなたを看取《みと》ることもかなわず
墓所を確かめる術《すべ》もなかった。

「おばあちゃん　土　着てますか」

半世紀余の時が流れ
朝鮮戦争があり
軍靴やキャタピラが
あなたを土で覆うことなど
一顧だにせず　あなたの上を
踏みしだきはしなかったか。

「おばあちゃん　土　着てますか」

歴史は刻まれても
あなたは
靖国に祭られもせず
ふるさとの郷土史に

戦争犠牲者として記載もされず
九十六歳になるあなたの娘は
あなたの命日を思い出せなくなりつつある。

「おばあちゃん　土　着てますか」

氷が解け　土がゆるみ
遅い春には　リンゴが咲き
初夏には　郭公が鳴くあの丘のあたり
その地を　ならず者の土地と吠え立て
トマホークやクラスターで脅し
核の先制攻撃をうそぶく者、
その尻馬に乗り
再び海外派兵に血道をあげる輩《やから》がいる。

「おばあちゃん　土　着てますか」

あなたは

また来る冬も
凍てつくあの丘で
身に覚えのない侵略の罪を
償うのだろうか。

「おばあちゃん　士　着てますか」
「土　着てますか」

注1　「カライモ士族」鹿児島ではサツマイモをカライモ（唐芋）といい、米より芋を食べる貧しい士族を揶揄した表現。

「鹿児島子ども研究センター」の創立四十周年にあたって、何か節目になるような企画をということでこの本を出すことになりました。本来ならやはり子育てや教育に関する内容がよかったのでしょうが、隣国である韓国と北朝鮮との関係が思わしくない時期でもあり、日本の植民地時代の体験を語る人も少なくなった今、私にこのような役目が回ってきました。行き届かない中身になっていますが、できるだけ多くの人々に読んでいただきたい思いです。川野恭司さん、大平政徳さんをはじめ、「鹿児島子ども研究センター」の運営委員の方々には、数々の助言をいただき感謝申し上げます。

岩元昭雄

■著者プロフィール

岩元昭雄（いわもと・あきお）

1932年、北朝鮮の東部、咸興（ハムフン）生まれ。敗戦の翌年までに家族の半分を失い、溝辺町に引き揚げ帰国。加治木高校、鹿児島大学教育学部を卒業後、県内の中学校で国語科教員として勤務。1979年、鹿児島子ども研究センター発足時に所員として参加、運営委員、理事長などを務める。「作文の会」会員として県民協連運動にも参加。ダウン症の娘の育児体験をから『走り来れよ、吾娘よ 夢紡ぐダウン症児は女子大生』・『ことば育ちは心育て』（かもがわ出版）など著書もある。

北朝鮮墓参記
―リンゴの花咲くふるさと、昔と今―

二〇二〇年一月二十日　第一刷発行

著　者　岩元昭雄
編　者　鹿児島子ども研究センター
発行者　向原祥隆
発行所　株式会社 南方新社
〒八九二―〇八七三
鹿児島市下田町二九二―一
電話　〇九九―二四八―五四五五
振替口座　〇二〇七〇―三―二七九二九
URL　http://www.nanpou.com/
e-mail　info@nanpou.com

印刷・製本　株式会社 イースト朝日
定価はカバーに表示しています
乱丁・落丁はお取り替えします
ISBN978-4-86124-417-9 C0021